KB074749

당신들의 기준은
사양하겠습니다

당신들의 기준은
사양하겠습니다

2019년 4월 20일 초판 1쇄 인쇄
2019년 4월 25일 초판 1쇄 발행

지은이 | 김나영
발행인 | 유영준

편집부 | 오향림
디자인 | 비닐하우스
발행처 | 와이즈맵
출판신고 | 제2017-000130호(2017년 1월 11일)
주소 | 서울 강남구 봉은사로16길 14, 나우빌딩 4층 쉐어원오피스 401호(우편번호 06124)
전화 | (02)554-2948
팩스 | (02)554-2949
홈페이지 | www.wisemap.co.kr

ISBN 979-11-89328-13-9 (03190)

이 도서의 국립중앙도서관 출판예정도서목록(CIP)은 서지정보유통지원시스템 홈페이지
(seoji.nl.go.kr)와 국가자료 공동목록시스템(www.nl.go.kr/kolisnet)에서 이용하실 수 있습니다.
(CIP제어번호 : CIP2019013501)

당신들의 기준은 사양하겠습니다

김나영 지음

와이즈맵

너를 원하는 세상과 만나라

작년에 크루즈 안에서 촬영했던 드라마에 대해 경영팀과의 의견 조합을 위한 회의가 있어 배에 올랐다. 또 올해 상하이에 도착하는 새 선박 스펙트럼 호Spectrum of the Seas의 론칭 준비를 위한 회의도 함께 진행돼 장장 다섯 시간이 지난 후에야 마무리되었다. 모든 일정이 끝난 뒤, 오랜만에 크루즈 안을 둘러본다. 동료들과 함께 접시를 나르며 즐겁게 일했던 레스토랑, 승객들의 불편을 해결해주던 게스트 서비스 데스크, 이벤트 코디네이터로 파티를 진행하던 라운지 등 공간이 주는 기억은 언제나 그 때의 그 곳으로 날 데려가 준다.

10년 전, 부푼 꿈을 안고 떠났던 베이징 유학시절 우연한 계기로 알게 되고 동경하게 된 크루즈는 처음 만났던 그때부터 지금까지 내 꿈이고, 삶이고, 또 미래로 자리 잡았다. 그리고 몇 년 후, 나는 크루즈 승무원이 되어 배에 올라 전 세계를 다니며 많은 사람들을 만나고 다양한 경험을 했다. 그리고 지금은 내가 근무했던 회사 로얄캐리비안 인터내셔널Royal Caribbean International 중국지사 경영팀에서 커리어를 쌓고 있다. 이제 나는 바다 위의 승무원이 아닌 크루즈 산업을 경영, 운영하는 과정을 보고 배우며 일을 한다. 때마침 날이 저물 시간이라 갑판으로 올라가 보니 바다의 수평선 너머로 해가 지고 있다. 해상에서 보는 일몰은 언제 봐도 가슴을 두근거리게 한다.

　이런 생각을 한 적이 있다. 나의 학창시절 모습만 알고 있는 사람이 지금 내 소식을 듣는다면 어떤 반응을 보일까하는 생각 말이다. 어려운 가정 형편에 꿈조차 없던 고등학생, 지방대 그것도 야간대를 다니며 학비와 생활비를 감당하기 위해 365일 단 하루도 쉼 없이 일해야 했던 나날들, 버티다 못해 결국 기초생활수급자가 돼야 했던 시간들…… 한국 사회의 기준에서 보면 나는 그야말로 '흙수저'의 상징이었다. 그리고 만약 나 스스로도 그 기준을 받아들이려고 했다면, 그 기준에 맞춰 나를 가두려 했다면 지금 남들이 예상했던 만큼의 삶을 살고 있었을지도 모른다.
　하지만 사회가 강요하는 기준에 맞춰 살고 싶지 않았다. 그저 원하는 길을 가고자 했고, 조건과 배경이 아닌 있는 그대로의 나를 원하는 세상을 만날 거라고 믿었다. 그리고 그렇게 뛰어든 세상에는 나를 필요로 하는, 나를 인정해주는 일과 사람들이 있었다.

나는 여전히 가진 것도 부족하고, 남들이 부러워할 만한 위치에 올랐다고도 할 수 없다. 아직도 오를 산들이 많고, 가보지 못한 세상도 남아있다. 하지만 열악한 환경, 조건, 나를 둘러싼 수많은 사회적 기준에도 불구하고, 용기를 내 넓은 세상에 부딪쳤을 때 얻을 수 있었던 경험과 기회에 대해 이야기하고 싶었다. 그리고 그것들이 지금의 행복한 나를 만들고 지탱하는데 얼마나 중요한 기둥 역할을 했는지도 말이다.

단 한 걸음이라도 좋다. 나의 이야기가 누군가에게 자신만의 기준을 만들 수 있는 용기와 희망이 되기를 바란다. 그리고 그들에게 진심으로 이야기하고 싶다. 결코 다른 이들의 기준에 당신을 맞추지 말라고, 당신의 길을 가다보면 지금껏 만나보지 못했던 세상이 바로 곁에 와 있을 거라고.

CONTENTS

나만의 기준으로 세상을 보다

CHAPTER
1

SINCE 2003

이사가
익숙한 아이

어렸을 적 엄마는 이사를 '여행'이라 불렀다. 그 여행은 매번 갑자기 일방적으로 통보되었고 행선지가 어딘지도 알 수 없었다. 떠나기 직전에 엄마가 여행 간다고 하면 나는 얼른 방에 들어가 서둘러 짐을 쌀뿐이었다. 난 여행가방 싸는 일, 즉 이삿짐 정리하는 걸 좋아했기에 엄마의 갑작스러운 통보도 설렘으로 다가왔다. 하루 종일 짐을 정리하면서 일기장, 탐구생활로 받았던 최우수 상장, 사생대회에서 그린 그림, 옛날 사진 등등 추억이 담긴 물건들을 꺼내보며 나만의 시간여행을 떠날 수 있었기 때문이다.

하지만 짐 정리가 매번 즐거운 것만은 아니었다. 이번 여행지는 좁아서 책을 전부 가져갈 수 없다거나, 피아노는 다른 사람에게 주기로 했

나만의 기준으로 세상을 보다

다는 일이 종종 생겼기 때문이다. 그럴 때면 나는 '그냥 엄마 혼자 여행 가면 안 돼?' 하며 평소에는 꺼내보지도 않던 책을 읽는 척하거나, 모아 둔 종이 인형이나 스티커 등을 옷과 책 사이에 몰래 숨겨두곤 했다. 아무튼 이것저것 아끼고 꼭 필요한 시늉이라도 해야 못 가져간다고, 버려야 한다고 했던 물건의 절반이나마 건질 수 있었다.

이삿날에는 늘 새벽부터 분주하게 움직여야 했다. 학교에 갈 때는 누가 흔들어 깨워도 못 일어나고, 간신히 아침밥을 밀어 넣고 등교했는데 이상하게도 그날만큼은 저절로 눈이 떠졌다. 전날에는 설레서 밤잠을 설치기까지 했다. 트럭에 한가득 짐을 싣고 엄마, 남동생과 나란히 조수석에 앉아 새집으로 가는 길은 정말 새로운 여행지로 떠나는 것 같았다. 이번 집은 어떤 모습일지, 내 방은 어떤 구조일지 늘 궁금하고 설레었다. 새집에선 남동생과 한 방을 쓰는 일도 있었고, 온 가족이 단칸방에서 지내야 할 때도, 금방이라도 부러질 것 같은 사다리를 타고 올라가야 나오는 작은 다락이 내 방일 때도 있었다. 가게 뒤편에 딸린 작은 방이 우리 집일 때도, 수십 계단을 올라야 집이 나타날 때도 있었다. 우리는 정말 다양한 집을 찾아 여행을 다녔다.

어렸을 적에는 몰랐다. 왜 이사를 갈수록 우리 집은 작아졌는지, 학년이 올라갈수록 왜 남동생과 한방을 써야 했는지, 그리고 왜 집으로 가는 길은 자꾸만 멀고 높아지는지. 실제로 이사를 여행이라 부르며 우리가 설레고 신나하는 동안 엄마는 단 한 번도 기뻐하지 않았고, 행복해하지 않았던 이유를 내가 14살이 돼서야 알 수 있었다.

동네에서 작은 인쇄소를 운영하던 아빠는 주변 상인들과 취미 삼아

노름을 했다고 한다. 하루에 한두 시간이던 취미생활이 10시간이 되고, 일주일을 넘어 한 달이 되고 인쇄소를 운영할 수 없는 상황까지 이르게 되었다. 결국 인쇄소가 넘어가자 아빠의 수입은 끊어졌고, 인쇄소 일을 거들던 엄마가 음식점, 옷가게, 마트, 포장마차 등에서 일을 하며 우리 가족은 생계를 유지할 수 있었다. 그런데 엎친 데 덮친 격으로 지인에게 서줬던 보증이 잘못돼 순식간에 빚이 산더미처럼 늘었다. 아담하지만 꽃과 나무로 꾸며진 옥상정원이 있던 우리 집은 경매로 넘어갔고, 그날부터 우리의 이사 여행이 시작된 것이다.

우리 집의 면적이 줄어들수록 빚은 점점 늘어났고, 늘어나는 빚만큼 부모님이 다투는 횟수도 잦아졌다. 그날 역시 여느 때와 마찬가지로 엄마와 아빠의 다툼이 시작되었다. 그런데 그날따라 다툼이 평소보다 격했다. 벽에 뭔가 부딪히고 그릇 깨지는 소리가 들렸고, 10여 분쯤 지났을까 아빠가 문을 박차고 집을 나갔다. 처음으로 아빠가 무섭다고 느껴졌다. 엄마가 방에서 흐느끼는 동안 나와 남동생은 아무것도 할 수가 없었다. 우리는 깊게 잠들어서 아무 소리도 못 들었다고 엄마가 믿도록, 그렇게 해서 엄마의 마음이 조금이라도 놓이도록 자는 척하는 수밖에 없었다. 시간이 얼마나 지났을까, 엄마가 나를 불렀다.

"나영아, 나영이 자니?"

얼마나 울었는지 벌겋게 달아오른 얼굴, 충혈된 눈, 훌쩍이는 코……, 바라만 봐도 너무 슬픈 순간이었다. 엄마는 조심스레 입을 열었다.

"나영아, 엄마…… 아빠랑 헤어져도 괜찮을까?"

6개월에 한 번씩 떠나던 이사는 나에게는 재미있는 시간 탐험이자 새로운 곳으로 떠나는 여행이었다. 그러나 엄마에게는 떠올리고 싶지 않은 과거를 깨끗이 지우고 새롭게 출발하고자 했던 다짐이자, 돌이킬 수 없는 시간과 감당할 수 없는 빚으로부터의 도망이었다는 것을 그날 엄마의 눈을 보고 알 수 있었다. 엄마는 나에게 어떤 대답을 기대했을까? 물어본 적은 없지만, 지금 돌이켜 생각해보면 난 참으로 당돌한 아이였던 것 같다. 한참을 생각하고 어렵게 말을 꺼냈을 엄마에게 나는 태연하게 대답했다.

"응, 괜찮아. 난 엄마가 행복했으면 좋겠어."

그렇게 엄마, 아빠는 헤어졌다.

부모님이 이혼한 후에도 하루가 멀다 하고 빚 독촉 전화가 걸려왔고, 1년에 한두 번꼴로 이사를 다녔다. 신기한 점은 이런 환경 속에서 지내온 나의 학창시절이 어둡고 불행하기만 했을 것 같지만, 그 시기는 오히려 내게 행복했던 기억으로 남아 있다.

내 힘으로 바꿀 수 없는 문제라면

◇◇◇◇◇◇◇

가난했던 어린 시절이 행복하게 기억될 수 있었던 이유는 엄마의 노력이 컸다. 단칸방으로 이사를 가고 나서는 나만의 공간이 사라졌다는 생각에 한동안 시무룩해하곤 했다. 높은 지대로 이사 갔을 때는 오르막길을 오를 때마다 짜증 부리기 십상이었고, 종아리가 아파 밤잠을 설치기도 했다. 엄마는 그런 나를 이렇게 달래주었다.

"나영이가 곧 어른이 되면 그때는 혼자서 살아야 하고, 엄마가 해준 밥도 자주 못 먹을 텐데 지금 이렇게라도 온 가족이 함께 자는 시간을 가질 수 있으니 얼마나 좋으니?"

또 내 다리를 주물러주며 말했다.

"엄마도 힘들긴 하지만 저 아래에 사는 사람들은 못 보는 풍경을 우리는 한눈에 볼 수 있고, 또 다른 사람들보다 해가 뜨고 지는 모습을 가장 가까이 볼 수 있어서 좋던데?"

신기한 것은 그런 엄마의 이야기를 듣고 나면 단칸방도 아늑하게 느껴지고, 산동네 우리 집도 특별하게 보였다는 점이다. 그렇게 엄마는 나에게 세상을 다르게 볼 수 있는 눈과 마음을 갖게 해주셨다. 다른 눈으로 본 세상은 특별했고, 그 세상에 사는 나 역시 특별한 사람이 된다는 것을 알게 되었다.

학교에 들어가면서부터 나는 방학마다 아르바이트를 했다. 다른 친구들은 가족들과 여행도 가고, 숙제나 하며 보냈을 그 시간에 난 길거리에서 전단지를 돌리고, 엄마를 도와 미용실에서 일하고, 포장마차를 하는 옆집 아줌마와 함께 도라지 껍질을 벗기며 보냈다. 이런 나의 학창시절이 다른 사람들의 눈에는 가난하고 불행하게 보였을지 모른다. 하지만 나는 그 시절을 내 인생에서 가장 자유로웠던 시절, 그리고 특별했던 시절로 기억하고 있다. 어린 나이에 알게 된 값진 노동의 대가, 그리고 내 힘으로도 뭔가를 해낼 수 있다는 희망을 통해 세상을 다르게 보는 눈을 가지게 됐기 때문일 것이다.

사람들은 누구나 한 가지쯤은 숨기고 싶은 약점을 가지고 있다. 그건 자신의 가정환경에서 비롯된 것일 수도 있고, 신체적인 약점이나 성격과 관련 있을 수 있다. 혹은 우리가 속한 사회가 만든 기준 때문이다. 다만 스스로가 그 약점을 어떻게 보느냐에 따라 열등감이 되거나 자신감이 될 수도, 혹은 콤플렉스가 되거나 개성이 될 수도 있다. 이 차이가 인생에서 얼마나 큰 영향을 미치는지는 본인이 바뀌지 않고서는 알 수 없다. 경험자로서 설명하자면, 흑백으로 보이던 세상이 무지갯빛으로 가득 채워지는 느낌이랄까?

그러나 지금까지 숨겨온 자신의 약점을 갑자기 장점으로 바라보고 극복해낸다는 것은 쉬운 일이 아니며, 굳이 그래야 할 이유도 없다. 그런다고 약점이 어느 순간 장점으로 변하지도 않는다. 관점을 바꾸기 위해서는 먼저 본인이 극복하고 싶은 대상, 숨기고 싶은 비밀이 스스로 고칠 수 있는 문제인지 아닌지를 파악해야 한다. 그리고 나의 힘으로 바꿀 수 없는 문제라면 그것을 받아들이고, 긍정적인 눈으로 바라보는 힘을 키워야 한다.

'아는 만큼 보인다'라는 말이 있다. 이 말의 참뜻은 단순한 지식의 축적만을 뜻하는 것이 아니다. 실제로 이 말은 어떤 대상을 진심으로 알게 되면 그것을 이해할 수 있게 되고, 또 사랑하게 되고, 진실된 눈으로 볼 수 있게 된다는 것이다. 우리가 사는 세상도 마찬가지라고 생각한다. 지금 내가 가진 조건, 처한 환경, 상황 등을 이해하고 나아가 사랑하게 된다면, 세상을 슬기롭게 살아갈 지혜와 눈을 갖게 된다. 그리고 그런 마음으로 보는 세상이야말로 나에게 있어 진실한 세상이자, 참된 세상이라고 생각한다.

칭찬은 초등학생도 일하게 한다

◇◇◇◇◇◇◇◇

내가 본격적으로 아르바이트를 시작한 건 초등학교 5학년 때였다. 난 엄마가 운영하던 미용실의 보조였다. 4대 보험에 가입만 하지 않았을 뿐이지 일하는 시간이 정해져 있고, 일한 만큼 급여를 받았으니 어엿한 아르바이트였던 셈이다. 파마를 말고 있는 엄마 옆에 달라붙어 "나영아, 종이" 하면 종이를, "롯드 작은 거!" 하면 롯드를, 작업 과정에 필요한 소품을 엄마에게 전달하는 역할을 맡았다. 처음에는 엄마가 시키는 일만 하다가 점점 익숙해지면서부터는 손님께 잡지도 가져다 드리고, 믹스커피도 타 드리고, 바닥 청소까지 했다.

나는 미용실에서 일하는 것이 좋았다. 머리가 아프다는 중화제 특유의 냄새, 헤어 젤과 스프레이 냄새까지도 좋았다. 엄마는 늘 답답하다고 했던 미용실이었지만, 나는 훤히 보이는 통유리 덕에 하루 종일 실내에 있어도 밖에 있는 것 같아 좋았다. 또 한 가지 미용실에서 일하는 게 좋았던 이유는 텔레비전을 마음껏 볼 수 있다는 점이었다. 오랜 시간 앉아 있어야 하는 파마 손님들이 지루할까봐 틀어놓는 거였지만, 집에서와는 달리 그곳에선 맘껏 볼 수 있어 허락된 일탈 같았다. 생선가게에서 일하는 고양이처럼, 나에게 미용실은 최상의 근무조건을 갖춘 곳이었다.

게다가 나는 미용실에서의 일이 너무 재미있었다. 특히 주말이 되면 미용실은 마을회관으로 변신했는데 아랫동네, 윗동네 할 것 없이 동네 아줌마들은 마치 약속이라도 한 듯 모였다. 좋아하는 머리 스타일도 비슷한지 슈퍼 아줌마가 파마를 하면 꽃집 아줌마도 파마를, 떡볶이집 아줌마가 커트를 하면 철물점 아줌마도 커트를 했다. 들어올 땐 남남이었지만 나갈 때는 쌍둥이 자매가 되어 돌아갔다. 주말의 미용실은 이야기 소리와 텔레비전 소리가 한데 어우러져 마치 동네잔치라도 열린 것 같았다. 아줌마들이 무슨 이야기를 하는지는 모르지만, 둘러앉아 얘기를 나누며 하하 호호 웃는 소리만 들어도 나는 마냥 재미있었다.

　매월 1일에 찾아오는 나의 월급날은 방학보다 더 설레었다. 방학은 한 학기에 한 번이지만, 월급날은 한 달에 한 번씩 찾아왔기 때문이다. 그런데 내가 그날에 월급만 기다렸던 건 아니다. 월급과 함께 "이번 달도 수고했고 잘했어, 우리 딸." 하며 건네는 엄마의 칭찬이라는 보너스가 월급보다 더 좋았다. 내가 놀러 가자는 친구의 유혹도, 늦잠의 달콤함도 이겨내고 엄마를 도왔던 이유는 텔레비전을 마음껏 볼 수 있거나 월급을 받기 때문만이 아니었다. 바로 보너스이기도 했던 엄마의 '잘했어'라는 말 한마디, 내가 타 준 믹스커피가 세상에서 제일 맛있다는 손님, 그리고 어린 나이에 엄마를 도와 일하는 게 기특하다며 머리를 쓰다듬어주는 손길들 때문이었다. 결국 그들의 칭찬이 한창 놀고 싶은 초등학생도 일하게 만들었던 것이다.

나의 숙제는 도라지 10킬로그램

　갈수록 집안 형편이 어려워지면서 엄마가 운영하던 미용실은 경매로 넘어가게 되었고, 엄마는 다른 곳에 취직을 했다. 자연스레 일자리를 잃게 된 나는 다시 일을 찾으려 했지만 엄마의 미용실만큼 즐거운 곳을 찾는 건 어려운 일이었다.

우리 옆집에는 포장마차를 하는 아줌마가 살고 있었다. 통통한 체구의 아줌마는 걸을 때마다 뒤뚱뒤뚱 기우는 모습이 마치 펭귄 같았다. 나는 그분을 '마차 아줌마'라고 부르며 곧잘 따랐고 아줌마는 나를 딸처럼 예뻐하며 챙겨주셨다. 얼마 전만 해도 미용실도 운영하고, 옥상이 딸린 아담한 2층 집에 살던 가족이 하루아침에 모든 것을 잃고 단칸방에서 사는 모습이 아줌마가 보기에도 딱하고 안쓰러웠을지도 모른다.

나는 아줌마가 좋았다. 실은 아줌마의 평상이 좋았다. 마차 아줌마의 집 앞에는 네 명이 누워 잘 수 있을 만큼 큰 평상이 있었는데, 거기에는 매일같이 과자, 음료수, 빵, 떡 등등 먹을거리가 가득했다. 아줌마는 저녁에는 포장마차를 운영하고, 낮에는 부업으로 도라지 껍질을 벗겼다. 거동도 불편한 데다 하루 종일 앉아 일을 하려니 평상에는 생활에 필요한 모든 것이 있었다. 게다가 여름에는 그늘막을 쳐놓고 커다란 선풍기까지 틀어놓아 피서지가 따로 없었다.

난 학교를 마치면 집으로 곧장 가지 않고, 늘 아줌마의 평상에 들러 이야기도 나누고, 평상에 널린 과자와 음료수를 먹으며 숙제도 하고 만화책도 봤다. 그러던 어느 날, 도라지 껍질을 벗기는 아줌마 옆에서 나도 따라 해봤는데 이야기를 나누면서 하다 보니 금방 한 소쿠리가 채워졌다. 그렇게 아줌마를 돕다보면 시간이 어떻게 흐르는지 모를 정도로 금세 날이 어두워졌다.

도라지 껍질 벗기기는 어렵지 않았다. 작은 칼을 이용해 묻은 흙을 털어낸다는 느낌으로 껍질을 살살 벗기면 향긋한 향기가 올라오며 하얀 속살을 드러낸다. 내 손은 작지만 미용실 보조로 일을 해본 터라 야무지고 민첩했다. 오히려 손이 작아 가느다란 도라지 껍질을 벗기기가 쉬웠다. 하지만 베테랑과 비교할 수는 없는 법, 일주일 만에 10킬로그램을 거뜬히 끝내는 아줌마와는 달리 나는 한 달이 다 돼서야 겨우 채울 수 있었다. 껍질을 벗긴 도라지를 자루에 담아두면 공장 직원이 와서 무게를 재고, 도라지 상태를 확인한 후 수고비를 주었다.

"이번에는 몇 마대 내려놓고 갈까요?"

아줌마가 나를 쳐다본다.

"저 이번에는 두 마대 해볼게요."

오기도 생기고, 이제는 요령도 생겼으니 그 정도는 도전해볼 수 있을 것 같았다. 나의 두 번째 아르바이트는 그렇게 시작되었다. 그런데 도라지 껍질 벗기는 일은 미용실 보조만큼 재미있지는 않았다. 작업할 때는 꼭 목장갑을 껴야 했는데 손이 작은 나는 그 큰 장갑이 불편했다. 나중에는 아줌마가 구해준 작은 털장갑을 꼈는데 한두 시간만 지나면 손에 땀이 차 간지럽고, 땀과 도라지 냄새가 섞여 퀴퀴한 냄새까지 났다. 또 손에 쥔 작은 칼이 쉽게 미끄러져 손가락에 힘을 꽉 쥐다 보면 너무 아파왔다. 무엇보다 아줌마의 평상에서는 미용실에서 듣던 즐거운 노랫소리도, 동네 아줌마들의 웃음소리도, 내가 좋아하는 텔레비전 소리도 들을 수 없었다.

그러나 매일 밤늦게 녹초가 되어 집으로 돌아와 하루 종일 가위를 잡았던 손과 서서 일하며 부은 다리를 마사지하느라 편하게 자는 날이 없던 엄마, 날이 밝으면 언제 피곤했냐는 듯 집을 나서는 엄마를 보며 세상에는 재미있는 일만 있는 건 아니며, 좋아하는 일만 할 수는 없다는 생각이 들었다. 퉁퉁 부은 다리를 주무르는 엄마에게 힘들지 않느냐고 물으면 "당연히 힘들지. 그래도 해야 하는 일이니 괜찮아."라고 했다. 하루는 "힘들지 않은 일 찾으면 안 돼?"라고 하는 내게 이렇게 말했다.

"응, 찾을 거야. 그런데 지금은 힘들어도 할 수 있는 일이 있으니 열심히 해야 하거든. 그리고 힘들다고 무조건 피하면 나중에 더 힘든 일이 생겼을 때는 어떻게 하겠니? 힘든 일도 해낼 수 있는 힘을 길러야 나중에 어떤 일이 생기든 이겨낼 수 있어."

재미없고, 냄새도 나고, 손가락과 허리도 아팠지만 단칸방을 떠나기 전까지 나의 도라지 까기 아르바이트는 계속됐다. 그 이유는 해야 할 일이 있고 해야만 한다면 재미도, 좋아하는 마음도 잠시 미뤄둔 채 최선을 다하는 책임감을 엄마가 보여주었기 때문이다. 나는 이른 나이기는 했지만 엄마를 보며 힘든 일을 이겨내는 연습을 할 수 있었다.

누군가는 너무 이른 시기부터 일을 하며 돈을 벌고, 사회생활을 시작한 나를 측은히 여길지도 모르겠다. 하지만 나는 그렇게 생각하지 않는다. 그때의 경험들이 쌓여 나를 더 성장시켰고, 결국 지금의 나를 만들었기 때문이다.

19살, 처음으로
공부에 끌리다

학창시절 나는 공부를 안 했다. 아니, 사실은 못했다. 서울의 4년제 대학은 남들 이야기일 뿐이었고, 지방 전문대 문턱도 간신히 넘을 수 있을까 싶은 성적이었다. 어차피 공부를 잘했어도 어려운 집안 형편 때문에 등록금 부담이 있는 사립대학교는 엄두도 낼 수 없었다. 나는 어설프게 공부를 잘하는 것보다 차라리 못하는 게 다행이라며 스스로를 달래고 또 달랬다. 다른 아이들은 당장이라도 전장에 나갈 병사처럼 입시전쟁을 준비하고 있었지만, 나는 포탄이 떨어지는 그 전쟁터 한가운데서도 낮잠을 잘 만큼 천하태평이었다. 하지만 그런 나에게도 유일한 걱정거리가 있었다. 바로 '야자(야간자율학습)'가 그것이었다.

대학 진학은 일찌감치 포기하다시피 했지만 그렇다고 야간자율학습, 방과 후와 주말까지 이어지는 보충수업에서 열외가 되는 것은 아니었다. 대학과 공부에 관심 없는 내게 야자와 보충수업은 그야말로 시간낭비였다. 오히려 그 시간에 엄마를 도와 가계에 보탬이라도 되는 게 낫다고 생각했다. 나는 선생님께 집안 사정을 설명하며 야자에서 빠지고 엄마 일을 거들면 안 되냐고 여러 차례 물어보았지만, 선생님은 끝내 허락해주지 않았다.

친구들이 어떻게 하면 한 문제라도 더 풀까 고민하는 동안 나는 어떻게 하면 야자에서 빠질 수 있을까 머리를 굴렸다. 그러던 어느 날, 야자와 보충수업을 빠지고 하교하는 아이들의 모습이 내 눈에 들어왔다. 쫓아가 물어보니 예체능과 외국어 전형을 준비 중인 아이들이었다. 훈련과 대회 준비를 해야 하고, 실기학원에 가야하고, 외국어학원에서 자격증 준비를 해야 한다는 것이다. 학교에서 예외를 인정해주는 유일한 경우였다.

아인슈타인이 상대성이론을 발견했을 때도 이렇게 기뻤을까. 마침내 야자에서 해방될 건수를 찾아낸 나는 하늘을 날듯이 기뻤다. 하지만 붓도 제대로 못 쥐는 내가 미술 핑계를 댄다거나, 시장바구니도 힘겨워하는 내가 체대에 가겠다고 우길 수는 없었다. 현실적으로 선생님과 협상을 해볼 수 있는 여지는 '제2외국어'가 유일했다. 그래서 난 무턱대고 외국어학원을 찾아 가기로 했다.

놀이터에서 공부하는 사람들

◇◇◇◇◇◇◇

나에게 외국어학원은 신세계였다. 수능 1~2점 올리겠다고 매일 전전
긍긍하는 학교와는 달리 그곳은 그야말로 놀이터 같았다. 각자 좋아하
는 놀이기구에 삼삼오오 모이고, 한편으로는 경쟁도 하지만 웃음이 끊
이지 않는 그런 놀이터 말이다. 사람들은 강의실, 복도, 휴게실 등 장
소를 가릴 것 없이 자신들이 배우는 언어로 말하고, 듣는 연습을 하고
있었는데 무엇보다 그들은 즐거워 보였다. 게다가 외국인 선생님들까지
보이니 마치 외국 어딘가에 와 있는 것처럼 느껴지기도 했다.

내가 방문한 학원에는 영어, 일본어, 중국어, 스페인어 등 다양한 강
좌가 있었는데, 상담을 마친 후 나는 중국어 기초반에 1회 수업 참여
기회를 얻을 수 있었다. 그 반에는 중고등학생, 대학생부터 직장인까지
다양한 연령층이 모여 있었다. 다들 중국어를 시작한 지 3주 정도 되
었다는데 지금까지 한 번도 접해본 적 없는 언어로 말하는 모습을 보
고 있으니 내 눈엔 모두가 수준급 실력자들 같았다. 그 순간 나는 처
음으로 '나도 저 사람들처럼 말하고 싶다'라는 생각이 들었다. 무엇보
다 수업을 듣는 사람들의 표정이 밝은 게 인상적이었다. 공부를 하면
서 웃을 수 있다는 건 내게 충격적이기까지 했다. 학원이라는 곳에서
처음 갖게 된 한 시간은 부러움과 호기심의 시선으로 사람들을 쳐다보
다 지나가고 말았다. 수업이 끝나고 집에 가려는데 대학생인 듯한 언니
가 내게 말을 걸어왔다.

"너 혹시 중국어 수업이 처음이니?"

"네."

"중국어를 왜 배우고 싶은 거야?"

그 순간 나는 차마 '야자에서 탈출하고 싶어서요'라고 말할 수가 없었다.

"음…… 그냥요. 중국어가 재밌을 거 같아서요."

내 대답을 들은 그 언니는 흐뭇하게 웃으며 말했다.

"정말? 나중에 네가 우리 반에서 중국어 제일 잘하겠네."

수업시간 내내 두리번거리기만 했을 뿐 말이라곤 한 마디 한 적도 없는 내게 왜 그런 말을 하는지 이해가 안 됐다. 내가 제대로 알아듣지 못했다는 것을 눈치챘는지 그 언니는 "외국어는 재미로 공부하는 애들이 나중에 제일 잘하더라고. 안녕, 내일 만나자."라며 교실을 떠났다.

하지만 첫 수업의 감동이 가시기도 전에 걱정부터 밀려왔다. 바로 '학원비' 때문이었다. 방학 동안 아르바이트로 모아둔 돈은 용돈으로 쓰기에도 빠듯한데 학원비를 마련하려니 마땅한 방법이 떠오르지 않았다. 그날 저녁, 엄마에게 정말 하고 싶은 공부가 생겼으니 딱 6개월만 학원비를 지원해달라고, 그 뒤로는 알아서 하겠다고 사정했다. 또 학원 수업은 한 시간이라 야자에 참여할 때보다 일찍 올 수 있으니, 학원을 마치고 엄마 일도 도울 수 있다며 설득했다. 고민하기는 했지만 처음으로 공부가 하고 싶어졌다는 나의 부탁에 엄마는 결국 허락을 했다.

보충수업과 야자에서 탈출하기 위해 시작한 외국어공부였다. 그런데 매일 수업을 들을수록 네 개의 성조가 있고, 한 글자에도 다양한 뜻을 지닌 중국어의 특성에 매료되었다. 어느새 중국어는 야자를 빠지기 위한 핑계에서 꼭 해야만 하는 필수과목이 되었다. 재미있을 것 같아 배운다고 둘러댔던 거짓말은 몇 달 뒤 진심이 되어 있었다. 반에서 유일하게 중국어를 하는 학생이 된 데다 열심히 하다 보니 평소 내게 관심도 없었던 선생님과 아이들도 신기하다는 눈빛으로 보기 시작했다. 학급 내에서 다른 것도 아닌 공부로 관심을 받게 되자 자연스레 중국어를 더 잘하고 싶은 욕심이 생겼다.

수능이 다가올수록 선생님과 학생들은 입시에 열을 올렸고, 모의고사 점수를 바탕으로 지원할 대학의 범위를 좁혀가고 있었다. 그즈음 나에게도 처음으로 대학에 가고 싶은 이유가 생겼다. 하지만 지금까지 내신성적, 수능공부에 신경 한 번 쓰지 않던 내가 갑자기 마음잡고 공부한다고 성적이 올라갈 리 만무했다. 하지만 방법이 전혀 없는 것은 아니었다. 바로 한어수평고사HSK, 중국어 능력을 평가하는 자격증 시험이 있었다. 이 시험에서 중급자 점수를 취득하면 수시에 지원할 때 가산점을 획득할 수 있다는 걸 알게 되었다. 물론 마지막엔 수능점수로 최종 결정이 나겠지만, 나는 어떻게든 기회를 놓치고 싶지 않았다. 설사 떨어진다 하더라도 도전해보고 싶었다.

잠을 설치고 밤을 새워가며 시험 준비에 몰두했다. 하지만 너무 늦은 출발이었던 건지 나는 시험에서 원하는 성적을 얻지 못했고, 결국 자격미달로 수시 서류전형에서 탈락하고 말았다. 그러나 나는 포기할 수 없었다. 남은 6개월 동안 그토록 탈출하고 싶었던 야자에 매일 참여하고, 주말에도 학교에 나가 공부를 했다. 지방대든 전문대든 중국어를 공부할 수만 있다면 닥치는 대로 지원하겠다고 다짐하고 또 다짐했다.

마지막으로 기회를 주세요

◇◇◇◇◇◇◇◇

중국어를 배우기 전의 나와 배우고 난 후의 나는 완전히 다른 아이였다. 나에게 대학은 '남들이 가도 나는 가지 않는 곳'이었다면, 목표가 생긴 후에는 '남들과 상관없이 반드시 가야 할 곳'이 되었다. 하고 싶은 공부가 생겼고, 이젠 학원이 아니라 대학교에서 배우고 싶었다. 학원 선생님도 좋았지만 오랜 시간 학문을 연구하신 교수님께 배우고 싶어졌다. 대학이라는 더 넓은 놀이터로 나가 뛰어보고 싶었다.

그동안 난 뭘 한 걸까. 성적도 잃었지만 학생이자 자식으로서의 신뢰도 잃었다. 엄마는 내가 대학을 가고 싶다는 말, 대학에서 제대로 공부하고 싶다는 말을 믿지 않았다. 또 믿는다 해도 딸의 대학 진학을 준비하기에는 너무 늦은 시점이었다.

당시 엄마는 동네에서 두 평 남짓한 미용실을 운영하고 있었다. 일찍 철이 든 남동생은 일찌감치 대학 진학을 포기하고 졸업 후 바로 취직이 되는 직업 고등학교로 진학했지만, 난 아니었다. 그렇게 어려운 형편에 장학금을 받고 가도 모자란데 국공립도 아닌 사립대학교를, 게다가 주간도 아닌 야간(전일제)대학에 가겠다고 했으니 엄마는 반대할 수밖에 없었을 것이다. 그러나 나에겐 이 야간대학도 '대기' 중인 상태에서 내 앞의 누군가가 입학을 포기한 덕에 얻은 기회였다. 내 머릿속은 당장 다음 주까지 입학금을 내지 못하면 그마저도 기회가 사라질 거라는 생각뿐이었다. 엄마의 완강한 반대에 결국 난 집을 나왔다. 그리고 며칠을 방황하던 나는 대학 입학 신청 마감일에 집으로 돌아와 엄마 앞에 무릎을 꿇고 빌었다. 아무 말 없이 나를 바라보던 엄마는 서랍에서 흰 봉투를 꺼내 주며 말했다.

"딱 한 학기다. 그 뒤부터는 네가 알아서 해야 한다. 네가 그렇게 하고 싶은 공부라니까……."

비록 등록금의 절반이 담긴 봉투였지만 일주일 동안 어렵게 구하느라 고생하셨을 것을 잘 아는 나는 봉투를 받아들고 하염없이 눈물을 쏟아냈다. 힘든 엄마에게 부담을 드려 죄송한 마음, 계속 공부를 할 수 있는 기회가 생겨 감사한 마음, 이렇게밖에 하지 못한 못난 자신에 대한 분함, 열심히 했음에도 결과를 만들어내지 못한 데 대한 억울함, 앞으로 혼자 지고 가야 할 짐의 무게에 대한 두려움……. 이 모든 감정이 엉켜 눈물로 하루를 지새웠던 그 순간을 아직도 잊지 못한다. 그리고 앞으로도 잊지 못할 것이다.

대학교 입학 신청 후 나머지 학비를 벌기 위해 평일, 주말 가리지 않고 아르바이트를 하며 돈을 벌었다. 입학 후에도 대학생활의 꽃이라 할 수 있는 엠티도 포기한 채 낮에는 아르바이트를 하고, 저녁에는 강의를 들어야 했다. 매번 아르바이트가 끝나면 수업에 늦을까봐 헐레벌떡 뛰어다니던 나와는 달리 집에서 용돈을 받으며 낮에는 도서관에서 공부하고, 여유롭게 강의실에서 교수님을 기다리는 동기들을 볼 때마다 부럽다는 생각이 들었다. 그럴 때마다 난 엄마가 건낸 봉투를 받고 밤새 울던 그날을 떠올렸다. 그것은 나에게 마치 모래성의 물 같은 존재였다. 모래가 말라 성이 무너질 것 같을 때 물을 뿌려 단단히 다져주듯, 내 자신감이 떨어지거나 포기하고 싶을 때마다 마음을 단단하고 강하게 다져준 것이 바로 '엄마의 흰 봉투'였기 때문이다.

365일 아르바이트

◇◇◇◇◇◇◇◇

법적으로 사회생활을 할 수 있는 나이가 된 이후부터 나는 학비와 생활비를 벌기 위해 강의시간을 제외하고는 쉴 틈 없이 아르바이트를 했다. 식당 서빙, 카페, 베이커리, 옷 판매, 패스트푸드점, 영화관 매표소, 대형마트, PC방, 과외 선생님, 학습지 판매, 텔레마케터 등등 그야말로 안 해본 아르바이트가 없었다.

후배들로부터 어떻게 하면 사회생활을 잘할 수 있는지에 대한 질문을 종종 받곤 한다. 물론 선배들의 경험담을 듣거나 관련 서적을 읽는 것도 도움이 된다. 그러나 내가 생각하는 사회생활을 잘하는 방법은 바로 '경험'이다. 경험만큼 확실한 교훈을 가져다줄 수 있는 것이 없다고 생각하기 때문이다. 본인이 실제로 부딪쳐가며 겪어보지 않는다면 그 방법은 결코 자신의 것이 되지 않는다. 또 다른 곳에서 비슷한 문제에 부딪히게 되면 다시 고민에 빠지게 될 것이다. 즉 사회생활도 나만의 노하우가 있어야 한다는 것이다. 사람들이 나에게 언제부터 사회생활을 했냐고 물으면 웃으며 12살부터라고 답한다. 엄마의 미용실에서 일을 시작한 초등학교 5학년 때부터 사회생활을 배우고, 연습했다고 생각하기 때문이다. 그리고 그 후 여러 가지 아르바이트를 통해 나는 사람들과 어울리는 법, 그들을 이해하는 방법 그리고 다양한 상황을 받아들이는 태도 등을 배울 수 있었다.

하지만 사회생활을 미리 경험하겠다고 해서 아무런 계획 없이, 혹은 시간 나는 대로 무작정 아르바이트만 하는 것은 효율적이지 못하다고 생각한다. 나에게 아르바이트는 돈을 벌기 위한 수단이었기 때문에 처음에는 무조건 시급이 높고, 시간이 긴 일 위주로 선택했었다. 그러다 보니 얼마 못 가 체력적으로 지치기 시작했다. 시급이 높다고 돈을 두 배로 받는 것도, 더 많은 시간을 근무한다고 해서 하루 종일 할 수 있는 것도 아니었다. 한 시간에 몇 백 원 또는 하루에 한두 시간 더 일할 수 있다는 이유로 선택한 건데 체력은 고갈되고, 배우는 것 없이 오로지 일에만 익숙해져 시간이 헛되이 흘러가는 것을 느낄 수 있었다. 그 후 나는 대학생활에 더 의미를 부여할 수 있는 일, 미래에 구직을 할 때 이력서에 도움이 될 만한 일을 찾고자 했다. 그렇게 해서 나만의 아르바이트 선정 규칙이 탄생하게 되었다.

1. 하루에 8시간 이상 일하지 않아야 한다.
2. 손님과 직접적으로 응대할 수 있는 일이어야 한다.
3. 고객 서비스 교육을 정기적으로 받을 수 있어야 한다.

몇 번의 경험으로 나는 손님과 대화하고 응대하는 것이 내 적성에 맞다는 걸 느꼈다. 처음 만나는 사람 앞에서 부끄러움도 없었고, 남들은 '안녕하십니까, 고객님' 하며 웃는 게 가장 어렵다는데 미용실에서 일한 경력 덕인지 그것만큼 쉬운 일이 없었다. 손님에게 컴플레인을 받거나, 사장님께 야단을 맞아도 마음속에 담아두지 않고 금세 잊어버렸다. 아르바이트를 통해 나의 이런 성향을 파악하고 나서는 새로운 아르바이트를 찾을 때마다 위의 세 가지 조건을 충족할 수 있는 곳을 염두에 두었다.

이렇게 나만의 규칙을 정해 놓으니 내가 지속적으로 할 수 있는 일이 무엇인지, 얼마만큼 일을 할 수 있는지 파악할 수 있었고 적성까지 찾게 되었다. 서비스 관련 학과가 아니었던 만큼 제대로 된 고객 서비스 교육을 받을 기회가 없었는데 아르바이트를 통해 교육의 기회를 얻을 수 있었다. 내가 처한 환경 때문에 일을 할 수밖에 없지만 그 과정에서도 '다르게 보는 눈'을 통해 오히려 나를 성장시키는 기회로 활용한 것이다. 그렇게 세상을 나만의 관점으로 바라보는 방법을 배워나가고 있었다.

SINCE 2003

진짜 인생을
배우다

부산 성모병원 중증 소아환자 병동에 자원봉사를 위해 방문한 날이었다. 아이들의 환심을 사기 위해 초록색 고깔모자를 쓰고, 복장도 최대한 귀엽게 입었다. 거북이의 '비행기'라는 노래에 맞춰 율동을 준비했는데 춤에는 워낙 소질이 없어 최대한 간단한 동작만 넣었음에도 그 3분짜리 공연을 위해 한 달 넘도록 준비해야만 했다. 그래도 아이들이 좋아해 주니 힘들게 연습한 보람을 느꼈다.

어렸을 적 다녔던 성당에는 방학기간마다 봉사활동을 떠나는 프로그램이 있어 몇 번 참여한 적이 있었다. 그러나 그때는 성당 친구들, 선생님을 따라 어딘가로 여행을 간다고만 여겼지 봉사를 하러 간다는 마음이 있었던 건 아니었다. 대학생이 된 후 내가 봉사활동을 해야겠다고 마음을 먹게 된 계기는 바로 한 중국인 언니 때문이었다.

대학에 입학해 첫 학기를 마친 후, 나는 다음 학기 학비를 벌기 위해 1년간 휴학을 해야만 했다. 휴학 기간이 끝나고 다시 돌아온 학교는 그대로였지만 동기들은 아니었다. 1년 전까지만 해도 나와 비슷하거나 나보다 뒤처져 있던 동기들의 중국어 실력은 이미 중급자 수준이었고, 단기 어학연수라도 다녀온 아이들의 발음은 원어민에 가까워져 있었다. 게다가 그해 신입생들은 어찌나 하나같이 똑똑하고 야무진지…… 중국에서 몇 년씩 생활했다는 후배들의 실력은 말할 필요도 없었다. 난 더 분발해야 했다. 열심히 하지 않았다가는 장학금을 놓칠 테고, 그러면 또 휴학을 해야 하는 상황이 올 테고, 이러다가는 언제 졸업을 하게 될지 모르겠다는 생각에 정신이 번쩍 들었다.

나는 보충수업이건, 스터디건 수업 이후의 시간과 아르바이트를 하지 않는 시간을 100퍼센트, 아니 200퍼센트 활용해 그들과 벌어진 격차를 좁혀야만 했다. 그러던 중에 학교 홈페이지에서 '한국어 도우미'를 모집하는 공고를 보게 되었다. 우리 학교에는 교환학생으로 온 외국인들이 많이 있었는데 도우미를 선발해 그들에게 한국어도 가르쳐 주고, 한국 생활에 잘 적응할 수 있도록 도와주는 프로그램이 만들어진 것이다. 공고를 보는 순간 '이거다!' 싶었다. 만약 중국인과 연결된다면 한국어를 가르쳐 주면서 나는 반대로 중국어를 배울 수 있으니 더할 나위 없이 좋은 기회였다. 나는 바로 신청을 했고 일주일 뒤 담당 교수님과 면접을 보았다. 내가 한국인 도우미로서 한국에 대한 좋은 이미지를 심어줄 수 있는지를 확인하기 위한 것이었다. 그리고 일주일 뒤 홈페이지에 올라온 명단에서 내 이름을 찾을 수 있었다.

한국어 도우미 오리엔테이션이 진행되는 날은 누구랑 파트너가 될지 너무 기대됐다. 사실 지금까지 한 번도 외국인과 이야기를 나눠본 적이 없었다. 고등학생 시절 외국어학원에서 공부할 때도 한국인 선생님에게 배웠고, 대학에는 중국인 교수님이 계시긴 했지만 사정상 그 교수님의 수업을 들을 수 없었기 때문이다. 그런 내가 인생 첫 번째 외국인 친구를 사귀게 된 것이다. 건너편에 앉아 있는 많은 외국인 학생들을 보면서 과연 내 파트너가 될 사람이 누군지 궁금했다. 마침내 오리엔테이션이 시작되고 담당 교수님이 프로그램의 취지를 설명했다. 이어 한국어 도우미, 그리고 함께 연결된 외국인 학생의 이름을 부르기 시작했다.

"김나영."

"네."

"이가리."

"네."

뒤쪽에 앉아 있던 한 여학생이 일어났다. 수수하고 착한 인상이 모범생 같아 마음에 쏙 들었다. 자리에서 일어나 서로 눈인사를 나누었다. 오리엔테이션이 끝난 후 나는 그 친구에게 다가갔다.

"안녕, 나는 김나영이야."

중국어로 먼저 말을 걸자 그 친구는 한국어로 자기소개를 했다.

"안녕, 난 이가리라고 해. 천진 외국어대학교 한국어과 3학년에 재학 중이야. 한국어는 잘 못하지만 앞으로 많이 가르쳐줘."

그런데 이 언니, 한국말을 잘해도 너무 잘하는 것 아닌가. 한국어를 유창하게 하는 그녀가 부러우면서도 다른 한편으로는 내가 중국어로 말할 기회가 더 적어지는 게 아닌가 싶어 아쉽기도 했다. 그러나 그것은 기우였다. 함께 지내면서 언니는 내 중국어 발음이 부정확하거나, 문법이 틀릴 때마다 그 정확한 한국어로 알려주곤 했다. 우리는 일주일에 두 번 학교 도서관에서 만나 함께 공부하며 만날 때마다 공부 이외에도 서로의 성격이나 관심 분야에 관해서도 많은 이야기를 나누곤 했다. 그렇게 가리 언니는 나의 첫 외국인 친구이자 중국어 도우미가되었고, 점차 친언니동생처럼 가까운 사이가 될 수 있었다.

꼬르륵은 속일 수 없던 진실

◇◇◇◇◇◇◇◇

가리 언니를 안 지 2개월이 지나도록 언니가 나와 함께 하지 않는 일이 있었는데 바로 밥을 먹는 거였다. 내가 같이 점심을 먹자고 하면 언니는 늘 먹고 왔다거나, 배가 고프지 않다고 했다. 처음에는 언니의 말을 믿었기 때문에 혼자 식사를 해결하고 언니를 만나러 가곤 했다.

그러던 어느 날, 배가 너무 고팠던 나는 밥을 먹으면서 공부하자고 했지만 언니는 평소와 같이 배가 고프지 않다고 했다. 마침 빵집을 지나던 길이라 샌드위치 2개를 사서 약속장소로 나갔다. "언니, 이거 나중에 배고플 때 먹어."라고 말하며 한 개를 언니에게 건네주고 책을 꺼내려는데, 갑자기 언니 배에서 '꼬르륵~' 하는 소리가 크게 울렸다. 그 소리가 얼마나 컸던지 나도 언니도 깜짝 놀랐다. 내가 먼저 피식 웃자 언니도 멋쩍은 듯이 함께 웃었다.

"언니, 배고프지 않다더니 왜 꼬르륵 소리가 나. 하하. 언니도 지금 먹어야겠네."

언니는 부끄러운 듯 살짝 웃음을 보이더니 샌드위치를 먹기 시작했다. 그런데 방금 전까지 배가 고프지 않다고 말했던 사람이라고 하기에는 너무 맛있게 먹는 것이었다. 나는 혹시나 하는 생각이 들어 스터디가 끝난 후 조심스럽게 물었다.

"가리 언니, 혹시 요즘 다이어트 해?"

"응, 여름이잖아. 하하"

언니가 무언가를 숨기는 것 같다는 느낌이 들었지만 차마 말 못할 사정이 있거나, 말하기 싫은 이유가 있을지도 모른다는 생각에 더 이상 묻지 않았다. 그런데 막 인사를 하고 돌아서려는 나를 언니가 불렀다.

"나영, 나 사실……."

언니가 들려준 내용은 이러했다. 가리 언니의 집안은 형편이 좋지 않았다. 다행히 공부를 잘해 장학금을 받고 대학교에 입학했고, 교환학생으로까지 올 수는 있었지만 한국에서의 생활비가 큰 부담이었던 것이다. 평일에도 아르바이트를 하며 생활비를 벌고 싶었지만 언니에게는 학업이 최우선이었다. 학점이 좋지 않으면 중국에서 받는 장학금이 취소될 수도 있었기 때문이다. 대신 주말마다 대학가에 위치한 작은 식당에서 서빙 아르바이트를 했고, 그 돈으로 어렵게 생활비를 충당하고 있었다. 그런데 한 달 전, 일을 하던 중에 손목을 다치는 바람에 아르바이트를 그만둘 수밖에 없었다고 했다. 언니는 다시 새로운 일자리

당신들의 기준은 사양하겠습니다

를 찾기 전까지는 생활비를 아껴야 하는 상황이었고 결국 식비까지 줄여야 했던 것이다.

이야기를 듣고 보니 매주 두 번씩이나 만나면서 언니가 살이 빠지는 걸 왜 신경 쓰지 못했는지 스스로가 원망스러웠다. 왜 이제야 언니의 사정을 알게 된 건지, 혼자 밥을 먹으면서 언니에게 함께 먹자고 한 번 더 권하지 않았던 건지…… 혼자 타국에서 생활하며 힘들었을 언니에게 무심했던 내 행동과 말에 큰 죄책감이 느껴졌다.

가리 언니는 지금껏 나에게 힘들다는 내색을 단 한 번도 하지 않았다. 하루에 한 끼도 제대로 챙겨 먹지 못하면서도 얼굴 한 번 찌푸린 적 없었고 늘 웃음이 끊이질 않았다. 나 역시 학업과 아르바이트를 병행하며 학비와 생활비를 벌고 있는 사정이었지만, 밥을 굶어야 할 만큼 어렵지는 않았다. 그리고 힘들 땐 짜증도 냈고, 가끔은 이것저것 사먹으며 스트레스를 풀기도 했다. 하지만 가리 언니는 달랐다. 나보다 훨씬 어려운 상황이었음에도 그걸 받아들이는 태도는 나와 비교할 수 없을 만큼 어른스러웠다.

언니의 이야기를 들으며 내가 그녀의 도우미라는 게 행운이라는 생각이 들었고, 쉽지 않았을 텐데 나에게 사정을 솔직히 털어놓아준 게 너무 고마웠다. 그리고 언니에게 내 이야기도 들려주었다. 가난했던 시절, 부모님의 이혼 후 지금도 혼자 살면서 생활비를 버는 사정까지 전부 말해주었다. 자신과 비슷한 처지의 내 이야기를 들은 언니는 더 이상 혼자가 아니라는 생각이 든다며 눈물을 멈추지 못했다. 우리는 그렇게 서로를 부둥켜안고 한참을 울었다.

언니와 속 깊은 이야기를 털어놓고 난 후부터는 아르바이트를 하고 남는 빵이 있거나, 주말에 혼자 음식을 해먹는 날에는 넉넉하게 만들어 언니에게 가져다주었다. 언니는 더 이상 배고프지 않다거나, 밥 먹고 왔다는 거짓말을 하지 않았다. 함께 음식을 나눠먹고 대화를 나누며 우리의 관계는 더욱 돈독해졌다.

봉사활동이 알려준 것들

◇◇◇◇◇◇◇◇

가리 언니와 마음을 터놓게 된 이후 봉사활동에 관심을 가지게 되었다. 나 또한 어려운 형편이었지만 세상에는 나보다 더 어려운 사람들이 있고, 그들도 자신과 비슷하거나 어려운 환경에 처한 사람을 만나면서 희망과 용기를 얻는다는 것을 알았기 때문이다. 그리고 힘든 상황 속에서도 웃음을 잃지 않았던 가리 언니가 보여준 미소를 나 역시 어려운 환경에 있는 사람들에게 전달해 주고 싶었다.

그렇게 찾은 봉사활동 단체가 바로 '비 써니Be Sunny'라는 곳이었고, 아무리 바빠도 한 달에 한 번은 꼭 봉사활동에 참여했다. 주요 활동은 중증 소아환자들이 있는 병동이나 노인요양병원에 방문해 환자들과 함께 시간을 보내고 공연을 하는 것이었다. 또 코시안 학교(Kosian, 한국인과 아시아인 사이에서 태어난 2세 또는 아시아 이주노동자의 자녀를 일컫는 말)에 정기적으로 방문해 한국 문화를 소개하고, 함께 견학이나 소풍도 다니면서 잘 적응할 수 있도록 도와주는 역할을 했다.

봉사활동을 시작한 후 가장 눈에 띄게 변한 것이 있다면 바로 내 표정이었다. 그 전에 찍은 사진을 보면 눈은 웃고 있지만 왠지 모르게 억울해 보이고, 어두운 표정을 지울 수가 없었다. 그러나 봉사활동을 하면서부터 표정이 밝아졌다는 말을 많이 듣게 되었고 내가 도움을 주는 것보다 받는 게 훨씬 크다는 생각도 들었다. 아르바이트와 학업을 이어가느라 체력이 바닥나도 어린 환자들 앞에서 율동을 하고 나면 언제 피곤했냐는 듯 다시 에너지가 솟았고, 코시안 아동들과 견학을 가는 날이면 신난 아이들의 표정을 보며 미소가 절로 나왔다.

봉사활동을 하는 횟수가 늘어나고 기간이 길어지면서 아이들의 웃음소리는 나에게 영양제이자 비타민이 되어주었다. 그들의 상처, 아픔, 외로움을 함께 견뎌주고 힘이 되기 위해 찾아간 곳에서 오히려 내 상처가 치유되고, 외로움을 이겨내고, 에너지를 얻고 돌아오는 것이었다.

모두 같은 세상을 사는 건 아니다

◇◇◇◇◇◇◇◇◇

부산대학병원에서 율동 공연을 마치고 각자 자기 병실로 들어간 아이들을 한 명씩 찾아가 인사하는 시간을 가졌다. 심장이 안 좋아 2년 전부터 병원에서 생활하고 있다는 소희는 우리의 공연을 무척이나 좋아했다. 우리가 병실에 들어서는 순간부터 좋아서 어쩔 줄 몰라 했고, 방금 공연했던 율동을 또 보여 달라고 해서 우리는 음악도 없이 노래를 부르면서 춤을 췄다. 얼마나 좋아하던지, 해맑게 웃는 모습은 소희가 오랜 기간 동안 입원해 있는 환자라는 사실을 잊게 할 정도였다. 간호사 선생님이 곧 방문시간이 끝난다고 알려주셔서 서둘러 소희와 작별인사를 해야 했다.

"잘 있어, 소희야. 우리 내년에 또 만나~"

아쉬움 속에 인사를 나누는데 곁에 있던 소희 엄마의 표정이 좋지 않았다. 그녀는 마치 소희가 말하는 것처럼 내게 이야기를 건넸다.

"언니, 내년에 또 보면 안 되죠. 저 건강해져서 빨리 퇴원해야죠."

아차 싶었다. 맞다. 나는 지금 유치원에 와 있는 것이 아니었다. 여기는 병원이었다. 그것도 바로 중증 소아환자들이 생활하는 곳. 내년에 보자는 말은 마치 내년까지도 아프라는 말처럼 들릴 수도 있었다. 너무 부끄럽고 미안한 마음에 얼음처럼 굳어버린 나는 뭐라고 말을 해야 할지 몰랐다.

봉사활동을 하다 보면 특수한 상황, 환경에 처해 있는 사람들을 자주 만나게 되는데 겉으로 보기에는 특별히 나와 다른 점이 없어 무의식적인 말이나 행동으로 그들에게 상처를 주는 경우가 있다. 아픈 아이들이 입원해 있는 병동에서도 아이들의 병명은 저마다 다르고, 같은 고아원에 있다 해도 그곳에 오게 된 사연은 모두 다르다. 특히 한 곳을 지속적으로 방문하는 경우가 아니라면 각자가 지닌 배경, 상황을 잘 모른 채 그런 실수를 범하기 쉬운 것이다.

그래서 우리는 봉사활동을 해야 하는 걸지도 모른다. 나의 기준으로만 세상을 바라보지 않고, 상대방의 기준에서 생각하고 볼 수 있는 눈을 갖는 것, 그리고 그 습관을 기르는 것. 봉사활동만이 가져다주는 큰 배움이 아닐까 생각한다.

SINCE 2003

기초생활수급자가 되다

대학교에 입학한 후 2년 동안은 단 하루도 아르바이트를 하지 않은 날이 없었다. 학비는 물론 생활비도 벌어야 했지만 남들처럼 유학도 가고 싶고, 언젠가는 해외여행이라도 한번 하고 싶다는 마음에 수업시간 이외에는 아르바이트를 하며 악착같이 돈을 벌었다. 그런데 학업보다 아르바이트에 쏟는 시간이 더 길다 보니 체력은 점점 약해지고 수업 중에 집중력이 떨어져 조는 시간이 늘어났다. 다음 학기 장학금을 받아야 학비 부담이 줄어들고, 또 유학 준비도 할 수 있는데…… 이러다가는 장학금마저 놓칠 수 있겠다는 걱정이 들었다.

나는 마치 햄스터 같았다. 그것도 쳇바퀴 안에서 최고 속도로 달리는 햄스터 말이다. 영원히 달릴 수만은 없으니 언젠가는 멈춰서야 한다는 걸 알고 있었지만 자칫 속도라도 줄이면 균형을 잃고 쳇바퀴에서 튕겨나갈 것만 같았다. 어떻게 하면 균형을 잃지 않으면서 속도를 줄일 수 있을까 하는 것이 늘 고민이었다. 그렇게 오랜 고민 끝에 찾아낸 방법은 바로 '기초생활수급자'가 되는 것이었다.

기초생활수급자는 법에 명시된 조건에 미달될 정도로 생계가 곤란한 저소득층으로 정부에서 생계와 관련된 다양한 지원을 받는 사람을 말한다. 기초생활수급자에 선정되면 쌀, 생필품은 물론 소정의 생활비를 지원받을 수 있는데 대학교 학비도 일정 비율을 지원해준다는 것이 학생인 내 입장에서는 가장 큰 혜택이었다. 그리고 쳇바퀴의 속도를 떨어뜨릴 수 있는 확실한 방법이기도 했다. 먼저 홈페이지를 통해 신청 자격, 방법을 알아보고 동사무소를 찾아가 담당자와 상담도 했다. 선정 가능성이 있다는 직원의 말을 듣고, 오랜 고민 끝에 일단 신청서를 제출하기로 했다.

동사무소에서 받아온 신청서에 내가 가난하다는 것을, 부모로부터의 경제적 지원이 전혀 없다는 것을 입증하기 위해 글과 숫자로 채워나가다 보니 내가 그동안 얼마나 힘들었고, 외로웠는지를 새삼 깨닫게 되었다. '그 힘들었던 시간들이 이렇게 표현이 될 수도 있구나' 하는 생각도 들었다.

신청서를 들고 동사무소에 들어서자 나와 상담했던 직원과 눈이 마주쳤다. 그런데 그분의 자리 위에 매달려 있는 '기초생활수급자 신청'이라고 적힌 팻말이 그날따라 유독 눈에 띄었다. 도저히 발걸음이 떨어지지 않았다. 만약 그 자리에 앉아 신청서를 제출하는 모습을 누군가

본다면? 무엇보다 학교 바로 앞인데 우연히 지나가던 선후배가 나를 알아보기라도 한다면? 그건 '난 너무 가난한 사람이에요'라고 확성기에다 대고 동네방네 알리는 것과 다르지 않았다.

만약 내 신청서가 받아들여진다면 난 정부가 인정하는, 이 사회가 인정하는 공식적인 저소득층이 되는 거였다. 지금 내가 만나야 할 공무원은 한 명이지만, 일단 수급자로 등록된 이후에는 모든 공무원들이 내 이름 석 자와 주민등록번호만으로 내가 가난하다는 사실을 알게 되는 것 아닌가. 순간 신청서를 들고 서 있는 내 자신이, 내 발로 저소득층이 되길 자처한 스스로가 한심하게 여겨졌다. 나를 보며 손을 흔드는 직원을 보고 다시 용기를 내보려 했지만 여전히 내 발걸음은 떨어지지 않았다.

'나영아, 너 지금까지도 아르바이트하며 학비 벌어왔잖아. 별문제 없었는데 왜 굳이 이렇게까지 너를 비참하게 만들어야 하니? 할 수 있는 만큼 공부하고 혹시 장학금 못 받게 되면 휴학하고 또 벌면 되잖아.'

'뭐 어때, 기초생활수급자라고 해서 누가 놀릴 것도 아니고. 또 좀 놀리면 어때? 남들이 뭐라 하건 신경 쓰지 마. 어차피 네 인생이잖아.'

내 안의 또 다른 내가 끼어들며 격한 논쟁을 벌였다. 얼마나 시간이 지났을까. 제자리에 멈춰 서있는 나를 답답하게 여겼는지 담당 직원이 먼저 나를 불렀다.

"학생!"

끝이 보이지 않을 것 같았던 논쟁이 순식간에 끝나버렸다. 난 그냥 내 솔직한 마음을 따르기로 했다. '잠시라도 쉬고 싶어. 나도 다른 학생들처럼 공부에만 집중하고 싶어'라는 마음 말이다.

신청을 하고 몇 개월이 지난 후 동사무소로부터 확정 연락을 받았다. 그날 이후 기초생활수급자가 된 나는 매달 쌀, 생필품과 함께 학비의 일정 부분을 지원받을 수 있었다. 학비 부담이 어느 정도 줄어들자 하루도 거를 수 없었던 아르바이트를 주 5일로 줄이고, 이틀은 숨을 돌릴 있었다. 쉬는 날에는 수업 준비를 철저히 했고, 운동과 봉사활동도 할 수 있었다. 수업에 집중할 수 있게 되면서 장학금을 놓치지 않았고, 체력도 좋아졌다. 무엇보다 반가웠던 건 봉사활동을 시작하면서 내 성격이 더욱 밝아졌다는 사실이었다.

여전히 나는 아르바이트를 하며 학업을 이어가야 했고 경제적으로 넉넉하지도 않았다. 하지만 언제 챗바퀴에서 튕겨져 나갈지 모른다는 막막함을 내려놓을 수 있었다. 그리고 나에게 맞는 속도로 달릴 수 있게 된 것이다.

흙수저도 수저다

◇◇◇◇◇◇◇◇

'내가 사는 집의 평수는 ○○평이에요. 부모님이 한 달에 합쳐서 ○○원을 벌고요. 우리 집 차는 ○○예요……'

한동안 온라인에서 위와 같은 형태의 게시글을 종종 볼 수 있었다. 그 이유는 '수저 계급론'이라는 단어가 말이 화제가 됐기 때문이었다. 그 뜻은 '개인의 노력보다는 부모로부터 물려받은 경제력이 사회의 계급을 결정한다는 자조적인 표현의 신조어'라고 했다. 사람들은 경제적으로 풍요로운 가정에서 태어난 사람은 '금수저', 가난하고 어려운 환경에서 태어난 사람은 '흙수저'라고 불렀다.

이 수저 계급론이 유행하자 인터넷에서는 대학생, 취업준비생, 하물며 초등학생들까지 자신이 흙수저인지 아닌지 알려달라는 질문이 이어졌다. 그러자 수저의 구분을 자산액, 가구별 연수입의 금액까지 언급하며 자세히 설명한 수저 계급표까지 생겨났다.

이게 끝이 아니었다. 계급을 더 쉽게 알 수 있도록 만들어진 흙수저 빙고 게임도 등장했다. '여름에 에어컨을 잘 못 틀거나 에어컨 자체가 없음', 'TV가 브라운관이거나 30인치 이하 평면 TV' 등 가재도구의 유무나 상태를 따지는 항목부터 '식탁보가 비닐 재질임', '부모님이 정기 건강검진 받지 않음' 등 구체적인 생활양식까지 그야말로 다양하게 나열되어 있었다. 그리고 표 안에 체크한 동그라미의 숫자가 많아질수록 흙수저에 가까워지는 거라고 했다.

나 역시 궁금한 마음에 체크를 해보았다. 총 15개의 동그라미가 그려졌다. 10개를 넘어가면 하층민이라고 하던데 나는 하층민 중에서도 최하층민인 거냐며 웃어넘겼다. 그런데 이로 인해 의외로 많은 사람들이 자신의 처지를 비관하고 있다는 걸 알게 되자 수저 계급론이 누군가에게는 인생의 상처가 될 수도 있겠다는 생각이 들었다.

정말 자산액, 통장 잔고, 집의 크기, 타고 다니는 자동차 등이 삶을 평가하는 기준이라고 할 수 있을까? 금수저, 소위 부자들 중에도 자신이 가진 것에 만족하지 못하고, 어떻게 해야 더 부자가 될 수 있을지를 고민한다. 반면에 흙수저에 해당 된다는 사람 중에는 자신이 가진 것에 만족하고, 가족들이 건강하게 탈 없이 지내는 것만으로도 행복하게 사는 사람들도 있다. 잘살고 못사는 기준은 상대적이며 사람을 구분

나만의 기준으로 세상을 보다

짓는 잣대가 될 수는 없는 것이다.

계급을 나누는 기준을 제하고 보면 금수저이건 흙수저이건 전부 같은 '수저'일 뿐이다. 재질이 다르고, 모양이 다를 수는 있어도 우리는 누구나 똑같이 수저의 기능을 가지고 태어났다. 금수저라고 음식 맛이 달라지는 것도 아니고, 흙수저라고 해서 밥을 떠먹지 못하는 것도 아니다. 중요한 것은 나 자신도 남들과 같은 역할을 하는 한 사람일 뿐이라는 것, 그리고 자신의 본분만 잊지 않으면 된다는 것이다.

만약 내가 기초생활수급자가 된다는 게 부끄러워서, 사람들의 눈에 비춰질 내 모습이 걱정돼서 신청을 포기했다면 계속 가계의 부담을 안고 살아가다 결국 학업을 포기해야 하는 상황을 맞았을 수도 있다. 가난이나 내가 처한 환경에 스스로의 가능성마저 제한한다면 결국 그 울타리에서 벗어나지 못한 채 살아가야 할 것이다. 하지만 남들이 나를 어떻게 보느냐가 중요한 게 아니었다. 내가 정부가 가난을 인정한 기초생활수급자 신분이라 할지라도, 그것은 단지 하나의 단어일 뿐 나라는 사람을 규정짓지 않는다는 사실만 잊지 않으면 되는 것이다.

더 넓은 무대로 도전하다

SINCE · 2007

사진 한 장이
가져다준 꿈

부푼 꿈을 안고 시작한 나의 대학생활은 사실 단조롭기 그지없었다. 아르바이트와 학교 수업 그리고 봉사활동이 전부였다. 대학을 가고 싶다는 마음에 가출까지 불사하며 입학은 했지만 학비를 벌기 위해 365일 아르바이트를 해야 했다. 다음 학기 학비를 다 모으지 못하면 휴학을 한 후 계속해서 돈을 벌고, 다시 복학을 하고 또 생활비를 벌기 위해 매일 아르바이트를 하고. 이런 생활의 굴레에서 벗어나지 못한 채 오로지 졸업장 한 장을 받기 위해 어떻게 달리고 있는지조차 모를 정도였다.

학교생활을 하면서 주위의 학생들을 보면 분명 4년이라는 시간이 나와 동일하게 주어졌는데 학교 강의, 동아리 활동은 물론 자기계발도 하고, 기업이 주최하는 공모전에 참가하는 등 많은 것들을 하고 있었다. 이미 충분히 바쁠 텐데 방학 중에는 해외 어학연수도 갔다 오고, 틈틈이 봉사활동까지 하며 미래를 위한 준비를 하고 있었다. 그들이 다양한 활동과 경험을 쌓으면서 단단한 미래를 만들어가고 있는 동안 나는 오로지 생계를 이어가는 것과 졸업만을 생각할 수밖에 없었다.

여느 때와 다름없이 그날도 강의가 끝난 후, 오후 아르바이트를 가려던 중이었다. 그런데 정류장으로 가던 길에 내 눈길을 끈 것이 있었으니 게시판에 붙어 있는 '제1회 북경외국어대학교 교환학생 선발' 포스터였다. 그동안 우리 학교는 중국의 지방대와 교환학생 프로그램을 진행했었는데, 처음으로 수도인 베이징에 있는 학교와 자매결연을 맺은 것이다.

'북경이라니…… 베이징이라니.'

만약 내게 베이징에서 1년간 공부할 수 있는 기회가 주어진다면 그곳에서 진짜 중국을 경험하고, 중국어도 공부하며 맘껏 날개를 펼칠 수 있을 것 같았다. 그날 나는 아르바이트를 하는 내내 다른 생각에 빠져 있었다. 내 마음은 이미 중국을 향하고 있었고, 쉬는 시간마다 베이징에 관한 정보를 찾아보곤 했다. 다음날 교수님을 찾아가 상담을 한 나는 망설임 없이 지원까지 마쳤다. 베이징으로 보내는 첫 교환학생이다 보니 학교에서도 성적은 물론 면접까지 꼼꼼하게 거친 후 선발할 계획이었다. 다행히 성적은 상위권으로 유지해왔던 터라 지원자격에는 문제가 없었다. 그리고 한 달 동안 가리 언니와 함께 부지런히 필기시험과 면접을 준비했다.

그런데 학점과 필기시험, 면접은 사실 문제가 아니었다. 내 실력에 따라 결정되는 부분이니 그저 열심히 하면 되는 거였으니까. 언제나 그 랬듯 문제는 역시나 돈이었다. 합격이 된다고 해도 1년 동안 베이징에 서 지낼 생활비, 왕복 비행기 티켓 등 유학 자금이 필요했다. 베이징에 서는 이곳에서처럼 아르바이트를 구한다는 보장도 없고, 유학을 가게 되면 기초생활수급자 혜택도 끊길 테고, 지금 내가 모아둔 여윳돈으로 는 어림도 없었다.

'그래, 지금 생각해서 뭐 해. 당장 돈이 나오는 것도 아니고. 일단 지 원부터 하고, 합격하고 나면 그때 생각하자. 어떻게든 방법이 있겠지.'

아무리 머리를 쥐어짠다 해도 당장 답이 나올 수 없는 문제이기에 오히려 고민하지 않았다. 아예 '돈'이라는 글자를 머릿속에 떠올리지 않으려고 노력했다. 이 도전은 나의 대학생활에 있어 새로운 세상을 경 험할 수 있는 유일한, 그리고 마지막 기회라고 생각했기 때문이다. 합격 하고 나면 그때 비용 문제를 고민하기로 하고, 혹시나 불합격이 될 수 도 있으니 지금은 후회 없이 준비에만 집중하고 싶었다.

필기시험과 면접 과정을 무사히 마치고 일주일 후, 떨리는 가슴을 안고 컴퓨터 앞에 앉았다. 홈페이지에 올라온 합격자 명단에서 '김나 영'이라는 세 글자를 찾아낸 나는 말할 수 없을 만큼 기뻐 학교 안을 뛰어다니며 만나는 사람마다 붙들고 자랑을 했다. 그런데 세상을 다 가진 것 같던 기분은 그리 오래 가지 못했다. 애써 잊고 있었던 돈 문 제가 생각나 내 표정은 금세 무거워졌고 오랜 시간 침묵이 흘렀다.

베이징 공항의 새로운 공기

◇◇◇◇◇◇◇◇

이제까지 살아오면서 나는 내 힘으로 많은 산과 높은 파도들을 넘어왔다. 그러나 베이징 유학이라는 산은 그동안 겪었던 어떤 것들과도 비교할 수 없을 만큼 높았다. 그동안 내가 넘어왔던 것들은 작은 언덕이었을지도 모른다는 생각이 들 정도였다. 게다가 문제는 높이뿐만이 아니었다. 그동안은 산을 넘는 과정에서 힘들 때마다 잠시 쉬어갈 수 있는 쉼터가 있었는데, 이 산은 그 쉼터조차 없다는 것이다.

한참을 고민한 끝에 도저히 혼자 힘만으로는 불가능하다고 판단한 나는 엄마를 찾아가 내가 처한 상황을 설명했다. 너무 높은 산과 마주쳤는데 꼭 넘고 싶으니 조금만 도와주었으면 좋겠다고, 잠깐이라도 좋으니 함께 올라가 주었으면 좋겠다고…… 오랜 대화 끝에 엄마는 내 손을 꼭 잡으며 베이징으로 향하는 등정에 함께 해주겠다고 말했다. 그리고 3개월 후 나는 베이징으로 가는 비행기에 올랐다.

공항에 내리고 마침내 베이징에 도착했다는 걸 알게 해준 것은 낯선 공기와 냄새였다. 하지만 그것은 전혀 불쾌한 느낌이 아니라 새로운 곳에서의 시작을 알려주는 신호 같았다. 태어나 처음 방문해보는 외국, 그것도 간절히 바라온 중국에서 직접 눈과 코, 온몸으로 확인하고 있으니 말이다. 낯선 환경에 긴장하던 것도 잠시, 어느 순간부터 귓가에 중국어가 들려오기 시작했다. 처음에는 소음인 듯 들려오던 소리들이 점점 커지고 있었다. 사방에서 들려오는 소리에는 내가 알아들을 수 있는 단어도 있었고, 중국어가 맞는지조차 모를 만큼 낯설게 들리

당신들의 기준은 사양하겠습니다

는 문장들도 있었다.

비행기에 오른 지 겨우 2시간이 지났을 뿐인데 한국어가 외국어인 곳에 도착해 있었다. 몸의 긴장이 풀리고, 사람들의 대화가 귀에 들어오자 내 심장은 기대와 흥분으로 거칠게 뛰기 시작했다. 어찌나 쿵쾅거리는지 심장소리가 다른 사람의 귀에 들릴 것만 같았다. 그리고 손에 쥔 캐리어가 앞으로 다가올 1년의 시간처럼 묵직하고 단단하게 느껴졌다. 난 마치 그 시간을 놓치지 않으려는 듯 손잡이를 더 꽉 쥐며 다짐하고 또 다짐했다.

'시간을 헛되이 보내서는 안 돼. 1년 후에 오늘 이 시간을 떠올렸을 때 인생에 후회하지 않을 시간으로 기억되도록 최선을 다하자. 눈에 보이는 광경, 냄새, 사람들의 소리에 내 모든 감각을 깨우고, 모든 것을 배우고 느끼고 경험할 거야.'

크루즈라는 세상을 만나다

◇◇◇◇◇◇◇

라비니아Lavinia는 베이징에서 만난 이탈리아인 친구다. 그녀는 내가 묵었던 기숙사 맞은편 방에서 생활했는데 나보다 10살 많은 언니였지만, 동갑내기 친구처럼 자주 어울렸다. 커피를 좋아하는 라비니아는 자신의 방에서 매일 아침 에스프레소를 내렸다. 그녀의 방에는 늘 향긋한 커피 냄새가 퍼져 있었고, 아침마다 방문 사이로 새어 나오는 향기는 기숙사의 아침을 기분 좋게 만들어주었다. 라비니아의 방문이 열려 있던 어느 날 아침, 복도를 지나가던 나는 우연히 그녀와 이야기를 나누게 되었다. 이런저런 대화를 나누다가 이탈리아인 특유의 악센트 때문에 중국어 발음이 잘 되지 않아 고민 중이라는 그녀의 발음 선생님이 되어 주기로 했다. 아침부터 저녁까지, 모닝커피로 시작해 발음 교정으로 끝이 나는 하루를 보내며 그녀와 친해지는 데는 그리 오래 걸리지 않았다.

어느 날 라비니아와 함께 시험공부를 하고 있었다. 갑자기 쏟아지는 졸음 때문에 집중을 못하는 나를 보자 그녀는 노트북을 켜고 사진 폴더를 열었다. 여행을 좋아하는 라비니아는 대화거리가 떨어지거나, 공부하다 지루해질 때마다 노트북을 켜 여행 사진을 보여주곤 했다. 이탈리아 곳곳은 물론이고 스위스, 영국, 프랑스 등 한 곳에 가만히 머무르지 못하는 그녀의 성격 때문인지 노트북에는 각국의 이름이 적힌 사진 폴더가 가득했다. 나는 덕분에 사진으로나마 세계여행의 기분을 즐길 수 있었다.

두 달 전에 갔다 왔다는 중국 여행 사진을 보여주겠다며 사진을 찾던 중 우연히 내 눈에 사진 한 장이 들어왔다. 부두에서 찍은 그 사진 속에는 엄청나게 큰 배가 있었다. 나는 바다가 보이는 집에 살아본 적은 없지만 고향이 부산이라 바다, 부두가 친숙했고 부산항과 가까운 학교에 다니며 화물선이나 페리도 종종 볼 수 있었다. 그러나 사진 속의 배만큼 큰 배는 한 번도 본 적이 없었다. 나는 잔뜩 놀라 무슨 배가 이렇게 크냐고 물었다. 내 표정을 보고 라비니아는 재밌다고 깔깔 웃으며 그 거대한 배에 대해 설명해 주기 시작했다.

그 배는 '크루즈'라고 했다. 크루즈는 내부에서 생활하며 다양한 나

라로 항해를 하는 배인데, 다른 나라에 도착하면 그곳에 내려서 여행도 할 수 있다고 했다. 여행을 하지 않는 날에는 배 안에서 공연을 보거나 수영장 옆에서 선탠도 하고, 레스토랑에서 식사도 하고, 게임을 하거나 면세점에서 쇼핑을 하는 등 누릴 수 있는 여러 활동 프로그램들 덕에 즐거운 시간을 보낼 수 있다는 것이다. 이처럼 많은 것을 할 수 있다 보니 크루즈 여행은 일주일에서 길게는 한 달씩 배를 타며 휴가를 즐긴다고 했다. 무엇보다 나를 놀라게 한 사실은 한번에 수천 명의 사람들이 탄 채 움직인다는 것이었다.

라비니아의 설명을 들으며 머릿속에 그림을 그려보려 했지만 제대로 떠올려지지 않았다. 내가 상상할 수 있는 배의 크기는 정해져 있는데 그 속에 레스토랑, 공연장, 수영장, 카지노, 쇼핑점 등 모든 장소를 넣고 거기다 수천 명의 사람까지 집어넣으려니 배가 꽉 차다 못해 넘쳐

흐르고 있었다. 그녀가 설명을 하는 동안 감탄사만 수십 번 연발한 것 같았다. 설명이 끝나고도 충격에서 벗어나질 못하는 나를 보며 라비니아는 웃음을 멈추지 않았다. 베이징에 와서 처음 만리장성을 방문했을 때만 해도 세상은 넓고 난 아직 그중 1%도 보질 못했다는 사실에 놀라움을 감출 수 없었다. 그런데 만리장성의 충격이 다 가시기도 전에 또다시 내가 보고 자란 세상은 너무나도 작다는 사실을 깨달았으니 이번에도 충격에서 쉽게 벗어나지 못할 것만 같았다.

꿈의 씨앗을 찾아서

◇◇◇◇◇◇◇◇

일반적으로 새로운 것을 발견하거나 생각지도 못했던 일이 즐거움, 신기한 경험 등을 전해줄 때 우리는 '리액션'이라는 것을 한다. 평소 무엇을 좋아하는지, 무엇을 해야 하는지 잘 모르겠다고 하는 사람이 있다면 나는 자신의 리액션을 주의 깊게 관찰하라고 이야기해주고 싶다. 리액션은 단순한 반응이라고 볼 수도 있지만 이는 즉, 깨달음과 같은 것이기 때문이다.

처음 가보는 곳에서 새로운 것을 보고 놀라운 경험과 마주하게 되면 그저 흥미로워하는 것에 그치지 않고 충격을 받고, 관심이 생기고, 몰입하게 된다. 그리고 그때가 바로 '꿈의 씨앗'이 생겨난 시점이다. 나는 그 시점의 기분, 감정, 느낌을 잊지 않으려고 애쓴다. 마음에 품은 씨앗을 늘 생각해두었다가 공부도 해보고, 관련 자료도 찾아보는 것이다. 그렇게 심겨진 씨앗은 관심을 받으며 싹을 틔우고, 묘목이 되고, 잎

이 무성한 나무가 된다.

라비니아의 사진 폴더에서 처음 보았던 큰 배, 그녀의 설명으로 알게 된 사진 속의 크루즈를 보면서 나는 그 감정을 잊지 않으려 했다.

'나도 언젠가 한번 타보고 싶어. 대체 그 내부는 어떤 모습일까?'

머리와 가슴은 신기함과 부러움으로 가득 찼고 몸속 세포는 이 놀라움과 떨림을 잊지 않으려고 애썼다. 그렇게 나는 작은 꿈의 씨앗을 하나 심었다.

우리는 처음에 흥미를 가졌다가도 나와는 상관없으니까, 못할 것 같으니까, 너무 어려울 것 같으니까 하는 생각으로 무심코 지나쳐 버렸던 것들을 소중히 모아둬야 한다. 그렇게 모아 온 기억들, 즉 꿈의 씨앗이 결국 언젠가는 싹을 틔워 꿈을 키워줄 나무로 자랄 테니 말이다. 사진 속 큰 배를 보고 '우와!' 하는 탄성만 외치던 한 학생이 4년 뒤 바로 그 거대한 크루즈의 승무원이 된 것처럼 말이다.

베이징 분투기

나에게 베이징에서의 1년은 단순한 유학생활이 아니었다. 대학 입학 후 처음으로 아르바이트, 학비 걱정 없이 학생으로서 오로지 공부에만 전념할 수 있는 시간이었다. 수업이 끝난 후 아르바이트를 하지 않아도 되는 시간은 마치 하늘이 내려준 선물 같았다. 하루가 이렇게 길 수 있다는 것도 그때 알았다. 선물처럼 주어진 시간을 값지게 쓰는 것, 그것이야말로 그 순간 내가 할 수 있는 가장 가치 있는 일이었다.

학기가 시작되고 처음 일주일은 수업 패턴을 파악하고, 방과 후에는 하루에 두세 시간씩 학교 근처를 걸으며 주변 환경을 탐색하는 시간을 가졌다. 그 이후에는 나만의 일과표를 만들었다. 매일 5~6시간의 수업을 제외하고는 2시간 동안 예습, 복습 시간을 가졌다. 그리고 나머지 시간에 내가 한 것은 바로 'TV 시청'이었다. 공부를 해도 모자랄 시간에 텔레비전 시청이라니! 이상하게 들릴 수 있겠지만 텔레비전은 나에게 있어 외국어를 공부하는 데 가장 완벽한 도구였다. 그 이유는 바로 '움직이는 외국어 공부법' 때문인데, 이는 지난 몇 년간 중국어를 공부하며 터득한 나만의 방법이었다.

시작은 처음 중국어를 공부했을 때로 거슬러 올라간다. 중국어의 4성을 배우는 시간. 높낮이가 다른 성조로 중국어를 읽는데 가만히 앉아서 읽고 외우니 도저히 성조가 기억나지 않는 것이다. 그때 선생님이 가르쳐 주셨던 방법이 손을 움직이고 목을 끄덕여가며 그 성조를 기억하라는 것이었다. 실제로 그 방법대로 연습하자 마법처럼 단어에 맞는 성조를 쉽게 기억할 수 있었다. 그때부터 중국어를 연습할 때마다 손을 움직이고 목을 끄덕이다 보니, 팔을 흔들게 되고, 어깨가 들썩여지고, 결국은 마치 지휘자처럼 움직이며 단어와 문장을 외우게 됐다. 이런 공부법 때문에 나는 조용한 도서관이나 사람이 많은 장소보다는 몸을 움직이며 공부할 수 있는 기숙사를 택했다.

기숙사에 도착하면 제일 먼저 BTV-1北京电视台, Beijing TV 채널을 틀고 뉴스와 드라마를 라디오 삼아 듣고, 몸을 움직여가며 그 말을 따라한다. 특정 방송국을 정해서 듣는 이유는 그 방송국의 고정 아나운서나, 리포터, MC들 때문이었다. 동일 인물의 목소리를 반복해서 듣다보면 이해하기도 쉽고 그 인물의 목소리나 톤을 따라 할 수 있었다. 내가 좋아했던 남자 아나운서 허베이치贺贝奇는 매일 방송되는 저녁뉴스의 메인 앵커였는데 중저음의 목소리가 매력적이기도 했지만, 높낮이가 있는 중국어의 성조와 한 음절, 한 음절 적당한 힘이 들어가는 무게감이 표준어를 연습하기에 가장 좋았다.

텔레비전에서 방영하는 것 말고도 내 실력에 맞는 프로그램을 선택해 공부했다. 그 중 쉬운 단어, 문장, 또박또박한 발음 그리고 적절한 속도로 듣고, 따라 말하기를 할 수 있는 〈희양양과 회태랑喜羊羊与灰太狼〉이라는 어린이 동화 시리즈는 약 4개월간 반복해서 봤다. 자막을 보지 않고 이해할 수 있게 되고, 그 대화를 일상에서 쓸 수 있게 된 후에는 가족 시트콤인 〈가유아녀家有儿女〉로 단계를 높여 베이징을 떠나기 전까지 매일 밤낮으로 보고 따라했다.

그렇게 평일에 혼자 공부하고 나면 주말은 심화 학습을 하는 날이었다. 학교 밖으로 나가 버스를 타고 3정거장, 4정거장, 10거장, 정거장 수를 늘려가며 활동 범위를 넓혀 공원에도 가보고, 미술 전시회도 가고, 쇼핑몰도 가보는 것이었다. 그리고 공원에서 만난 할머니, 할아버지들과 이야기를 나누고, 전시장에서 받은 팸플릿, 쇼핑몰에서 받은 전단지는 물론이며 종이로 된 식당 메뉴판은 꼭 한 장 더 챙겨 왔다. 돌아와서는 사전을 찾아가며 모르는 단어를 읽고 또 외웠다.

사람들마다 각자 자기만의 공부법이 있겠지만, 나는 외국어는 가만히 책상에 앉아 단어를 외우고, 문법을 익힌다고 할 수 있는 학문이 아니라고 생각한다. 특히 외국어를 일상 중에 사용하며 일을 하고, 생활하고 싶은 사람이라면 더더욱 책상에 앉아만 있어서는 안 된다. 글로 전달할 것이냐, 말로 전달할 것이냐 방법의 차이일 뿐이지 언어의 목적은 교류에 있기 때문이다. 아무리 많은 단어를 외우고, 문법을 완벽히 익혔다고 해도 그것을 상대방에게 전달하지 못하면 그 언어는 제

064
당신들의 기준은 사양하겠습니다

기능을 못한다.

언어는 입 밖으로 내 뱉는 소리에 그치는 것이 아니라 감정, 몸짓, 눈빛이 함께 조화롭게 어우러져 완성된다. 내가 생각하고 있는 것, 느끼는 감정을 정확하게 한 단어로 설명하지 못해도 좋고, 문법이 틀려도 좋다. 외국어는 문자 그대로 한 나라를 벗어나 만날 수 있는 언어이지 않은가. 그러니 외국어를 배우려면 '나'라는 나라에서 밖으로 끄집어낼 수밖에!

중국 생활의 기둥, 순멍 언니

◇◇◇◇◇◇◇◇◇

학교 근처의 시장, 공원에서 만난 중국인들과 이야기를 나누는 것의 한 가지 단점은 바로 지속성이 낮다는 것이었다. 공원은 그나마 괜찮았지만, 시장에서 만난 상인들은 별다른 이득 없는 한국인과의 대화를 달가워하지 않았고, 회화 연습을 하고 싶은 외국인과 세상살이에만 관심 있는 그들과의 대화는 어우러지지 않았다. 게다가 대화를 나누다 모르는 것이 있어 물어봐도 왜 그렇게 쓰이는지, 왜 그렇게 말하는지 이유를 알 수가 없어 결국 매번 선생님을 찾아가 물어야 했다. 나에게는 내 중국어 궁금증을 해소시켜주고, 실력을 향상시키는 데 도움이 되는 사람이 필요했다. 물론 그 사람이 한국에도 관심이 있다면 더할 나위 없이 좋았다.

나는 교내에 언어 도우미輔幇,푸다오를 찾는다는 공고를 붙였다. 연락을 받고 몇 명 만나보기는 했지만 수업이 많다는 이유로, 아르바이트 때문에 바쁘다는 이유로 꾸준히 만남을 이어가질 못했다. 그러던 중 베이징에서 유학생활을 했었던 선배들이 생각나 연락을 했다. 그 중 한 선배로부터 자신과 함께 공부했던 친구를 소개시켜주겠다는 연락을 받았다. 그렇게 해서 소개를 받게 된 사람이 바로 순멍孙萌 언니다.

베이징의 한 대학 교무실에서 회계사로 근무하는 순멍 언니는 한국 드라마를 좋아해 한국에 관심이 많았고, 우연히 인터넷상에서 선배와 알게 돼 선배가 베이징에서 유학생활을 하는 동안 든든한 언어 도우미가 되어주었다는 것이다. 선배가 한국으로 돌아간 후 순멍 언니는 다른 한국인을 찾아 언어 도우미 역할을 계속 하려고 했지만 이후에 만난 다른 사람들과는 어떤 이유에서인지 학습이 길게 이어지지 않았다고 했다. 그런 상황에서 우리가 서로 만나게 된 것이다.

순멍 언니는 내성적인 성격에, 조곤조곤한 말투, 통통하고 둥근 얼굴에 여리고 귀여운 그야말로 여린 소녀 같은 사람이었다. 그런 언니와 나는 비슷한 점보다는 다른 점이 많았다. 말하기를 좋아하는 나와 듣기를 좋아하는 언니, 만두피를 얇게 잘 만드는 나와 만두 속을 잘 채우는 언니, 불의를 보면 못 참고 따지는 나와 말을 잘 못하는 언니. 우리는 서로 다른 부분이 많았지만 어쩌면 그랬기에 서로의 부족한 부분을 채워주며 금세 친해질 수 있었던 것 같다.

순멍 언니를 알고 나서는 거의 모든 주말을 함께 보냈다고 해도 과언이 아니었다. 언니가 다른 약속이 있어 외출을 해도 나는 집에 찾아가서 언니의 부모님과 함께 만두를 빚고, 밥을 먹고, 마작을 하며 시간을 보냈다. 나중에는 금요일 수업을 마치면 옷가지를 챙겨 언니네 집에 가서 주말 내내 함께 보내고 기숙사로 돌아오기도 했다.

처음에는 함께 중국어를 공부할 수 있는 사람이 필요했던 것뿐인데 베이징에 가족이 생긴 기분이었다. 모든 걸 혼자서 감당해야 하는 힘든 타지 생활에서도 외롭지 않았던 건 나를 가족같이 대해준 순명 언니와 부모님이 계셨기 때문이다. 그분들은 나의 베이징 생활에 있어 가장 큰 기억이자, 평생 간직할 보물이다.

태어나 처음 떠난 배낭여행

◇◇◇◇◇◇◇◇

베이징에서의 첫 방학이 다가왔다. 방학 동안 베이징이 고향이 아닌 중국 학생들은 대부분 자신들의 집으로 돌아가고, 외국인 유학생들은 잠시 본국에 갔다 오거나 여행을 떠난다. 중국에서 살기 가장 편한 신분이 있다면 바로 '학생'이라고 말할 수 있을 정도로 학생들에게 주어지는 혜택이 많았다. 전국 대부분의 관광지, 버스, 기차에서 요금 할인을 받을 수 있고 그 외에도 다양한 혜택이 주어진다. 그러니 학생증을 가지고 있을 때 최대한 많이 돌아다녀야 한다며 주말, 공휴일, 개교기념일 등 수업이 없는 날이면 여행을 다녔다. 나는 그동안 주말에 가끔 순명 언니와 베이징 근교나, 칭다오, 다롄, 톈진 등 가까운 곳으로 짧게 다녀보기는 했지만, 처음으로 보내게 될 긴 방학에 대비해 여행을 생각해본 적은 없었다. 그런 나에게도 여행을 떠날 계기가 생겼다.

한국의 모교에는 매번 방학 때마다 상하이 외국어대학교와 연계해 진행하는 단기 어학연수 프로그램이 있었다. 마침 지도교수님이 그 프로그램에 참가하는 학생들을 이끌고 상하이를 방문하신다는 소식을 듣게 되었다. 교수님께 연락을 드렸더니 시간이 된다면 상하이에 와서 후배들도 만나고, 베이징 유학생활에 대해 이야기도 나누면 좋을 것 같다고 했다. 그 이야기를 듣는 순간 나는 상하이에 가야겠다는 의욕이 불끈 솟았다.

기숙사 방에서 지도를 펼치고 베이징에서 상하이까지 직선으로 선을 그어 연결했다. 그렇게 나의 첫 배낭여행 계획이 시작됐다. 베이징에서 출발해 난징, 황산, 항저우, 수저우를 거쳐 상하이에 도착하는 노선을 만들어 나갔다. 내게는 방학이라는 긴 시간이 있으니 다소 시간이 걸려도 저렴한 교통편을 이용하면 됐다. 거기다 학생 할인까지 받을 수 있어 더 아낄 수 있었다. 게스트 하우스에 묵으면 하루에 한화로 1만~1만5천원으로 숙소를 해결할 수 있었다. 무엇보다 나는 이 여행이 꼭 가고 싶었다. 이 기회야말로 태어나 처음으로 여행이라 부를만한 진짜 여행이었던 것이다.

마침내 3주 여정의 첫날이 되었다. 혼자 여행하는 게 위험하지 않겠냐고 걱정하는 순명 언니를 안심시키면서 내 덩치만한 배낭을 메고 호기롭게 첫 여행지로 떠나는 기차에 올랐다. 물론 모든 여행 과정이 순탄하지만은 않았다. 길을 잃어 예정보다 늦은 밤에 숙소에 도착하기도 하고, 다음 도시로 이동하는 기차를 놓칠뻔하기도 하고, 긴 시간을 혼자서 지내다보니 외로울 때도 있었다. 하지만 이 모든 것이 나에게는 처음이었다. 당시에는 가슴 철렁했던 순간도 소중한 경험이었고 잊지 못할 추억이었다. 좋은 숙소, 멋진 관광지, 맛있는 음식 때문이 아니라 온전한 나만의 시간 그리고 나를 위한 여행이었기 때문이다.

 드디어 상하이에서 만난 후배들은 나의 이야기에 귀를 기울이며 베이징에 대해, 공부하는 방법에 대해, 학교생활에 대해, 상하이까지의 여정에 대해 끊임없이 질문을 했다. 내가 쌓아온 시간과 내 경험들이 누군가에게 도움이 될 수 있다는 걸 알게 된 소중한 시간이었다. 그리고 누군가는 나의 이야기를 듣고 새로운 꿈을 꾸게 됐을지도 모른다는 생각에 뿌듯했다.

 언제나 '처음'이라는 단어는 설렘을 안겨준다. 물론 그 설렘 뒤에는 두려움과 걱정이 밀려올 때도 있다. 하지만 그 모든 걸 극복하고 완성된 그 순간은 어떤 것보다도 값진 경험이 되어 앞으로 겪게 될 모든 일들을 이겨낼 원천이 된다.

언어는
자신감이다

우리가 일반적으로 배우는 중국어는 표준어, 즉 '보통화'라고 한다. 그런데 한국에도 지역별로 언어에 차이가 있는 것처럼, 거대한 면적의 중국에는 헤아릴 수도 없이 다양한 사투리가 존재한다. 재밌는 사실은 수도인 베이징에도 베이징만의 사투리가 있다는 것이다. 바로 '얼화'이다. 베이징 사투리는 권설음(혀를 마는 소리)이 강해 단어나 문장 끝에 '얼' 하는 소리를 자주 내 얼화라고 한다. 중국어를 배운 적이 없는 사람도 말끝마다 '얼얼얼~' 하면서 마치 입안에 왕사탕을 물고 말하는 것 같은 얼화와 표준어의 차이를 구분할 수 있을 것이다.

나는 물론 베이징 사투리가 있다는 것을 알고 있었고, 중국에 가기 전에도 중국 드라마로 공부하면서 어느 정도 귀에 익었다고 생각했었다. 하지만 막상 베이징에서 들은 실제 얼화의 발음은 TV에서보다 훨씬 강렬했다. 그리고 동사, 형용사 뒤에 '얼'을 붙이면 명사가 되기도 하고, 구체적인 사물명사 뒤에 붙이면 추상화되기도 하는 등 여러 규칙들이 책에서 배운 것과는 많이 달랐다. 실생활에서 채소가게 아저씨, 만두가게 아줌마가 구사하는 얼화는 애당초 규칙이 존재하지도 않는 것 같았다. 마치 '나도 잘 모르겠으니 네가 요령껏 알아들어'라고 말하는 듯했다. 고향인 부산에서도 시장에서 어묵 파는 아줌마, 철물점 아저씨는 유독 사투리가 거칠고 심했던 것 같다. 나도 사투리를 쓰지만 시장 사람들 보다는 부드러운 억양인 것처럼, 베이징에서도 이와 비슷하지 않을까 생각했다.

하지만 수업이 끝나면 장을 보러 시장에 가야하고, 아침에 식당에서 만두를 사먹고 등교하는 게 일상이었다. 그리고 무엇보다 일상생활에서 부딪히는 사람들과의 대화도 원활하게 하지 못할 거면 왜 비행기를 타고 이 먼 곳까지 왔나 싶었다. 안 그래도 어려운 형편에 새벽부터 야구르트 배달까지 하게 된 엄마 생각이 불쑥 떠올랐다.

그때부터였다. 일부러 시간을 내어 시장을 찾아다니고, 과일가게에 앉아 아줌마랑 유자를 까먹으며 이야기를 나누고, 길거리 탕후루, 마라탕 아저씨들과 친해지기 시작한 게 말이다. 그렇게 베이징 사람들을 찾아다니며 말을 걸고, 이야기를 들었다. 이 생활을 반 년 정도 하고 나자 알사탕 하나 정도는 물고 있는 것 같은 수준의 얼화 발음이 가능하게 되었다.

중국인들의 영어 사랑

◇◇◇◇◇◇◇◇

북경에서 첫 수업을 듣던 날, 교실에는 의외로 나 같은 외국인 학생들이 많았다. 우리 학교 외에도 다른 학교에서 온 한국인 학생들과 헝가리, 일본, 미국, 호주, 독일 등 여러 국가에서 온 학생들이 같은 교실에서 수업을 들었다. 우리의 담당 교수님은 60대 나이의 할아버지셨는데, 그 교수님은 몇 가지 인상적인 특징이 있었다. 왼쪽 코에는 항상 코털이 삐져나와 있었고, 왼손 새끼손가락의 손톱만 길게 기른다는 점, 그리고 영어에 무척 관심이 많다는 점이었다.

우리 학급에는 미국인 학생이 한 명 있었는데 수업 중에 꼭 그 학생을 향해 영어로 한 번 더 설명을 했다. 이미 알아들은 것 같은데도 굳이 사전에서 단어를 찾아가며 말이다. 그러나 이 점은 담당 교수님뿐만 아니라 다른 과목 교수님들도 마찬가지였다. 그분들은 쉬는 시간마다 꼭 그 친구에게 영어로 인사를 하거나 대화하는 시간을 가졌다.

사실 중국 교수님들이 수업 중간중간 영어로 부가 설명을 하거나, 영어로 말을 거는 것이 그리 놀랄 일은 아니었다. 왜냐하면 베이징에 온 지 1주일도 채 안 돼서 학교 내 분위기나, 중국인 학생들을 보며 가장 먼저 느꼈던 점이 바로 '영어에 대한 높은 관심도'였기 때문이다.

외국어대학교라는 특성 때문에 학생 대부분이 영어 실력이 뛰어나고 관심도 많다고 여길 수 있지만, 베이징의 다른 학교 학생 중 누구를 만나 봐도 모두 영어를 잘했고 관심도 아주 많았다. 교내에서 외국인들과 마주치면 신기한 듯 쳐다만 보는 게 아니라 꼭 간단한 인사라도 먼저 말을 걸고, 학교 어디서든 영어책을 들고 다니면서 소리 내어 읽

당신들의 기준은 사양하겠습니다

는 학생들을 쉽게 볼 수 있었다. 내가 중국에 와서 이렇게 자주 영어를 접할 수 있을 거라고는 생각 못했다. 그래서 처음에는 이런 광경이 신선한 충격으로 다가왔다.

1년간의 교환학생을 마치고 한국으로 돌아와 제일 먼저 시작한 것은 바로 영어공부였다. 중국인 학생들의 영어에 대한 뜨거운 관심, 나를 놀라게 한 그들의 실력, 그리고 쉽게 외국인에게 다가가고 대화를 건네는 대범함은 영어공부를 하고 싶게 하기에 충분했다. 하지만 사실 나의 영어공부에 불을 지피게 만든 이유는 따로 있었다.

나를 주눅 들게 만들었던 토마스

◇◇◇◇◇◇◇◇

'도대체 나와 라비니아가 함께 있는 건 어떻게 알고……'

라비니아와 내가 둘이 있을 때면 귀신같이 알고 찾아오는 녀석이 있었다. 그의 이름은 토마스Thomas. 호주에서 온 그는 라비니아의 친구였다. 난 사람들 앞에서 낯가림이 심한 편도, 말수가 적은 편도 아니지만 특정인들 앞에서는 유독 홍당무에 합죽이가 됐다. 그들은 각자 다른 나라에서 왔고, 다른 외모를 하고 있지만 같은 언어를 쓴다는 공통점이 있었다. 그들은 바로 영어권 국가의 외국인들이었다.

라비니아와 함께 있는 시간은 공부도 하고 서로 좋아하는 커피도 마시며 어렸을 적 이야기, 여행 경험, 때로는 연애 상담도 나누는 소중한 시간이었다. 게다가 라비니아와 있으면 내 중국어가 틀리든 맞든 개의

치 않고 마음껏 이야기할 수 있어 그녀와 함께하는 시간만큼은 아무에게도 방해받고 싶지 않았다. 그런데 이 시간을 유일하게 방해하는 사람이 바로 토마스였다. 그가 우리를 발견하는 순간, 내 표정은 굳어지곤 했다.

'아, 오늘도 너 때문에 망했다.'

신이 나서 떠들고 있다가도 토마스가 일단 우리의 대화에 끼어버리면 나는 한순간에 벙어리라도 된 듯 아무 말도 할 수 없었다. 라비니아는 영어도 잘했다. 영어로 말할 때에도 중국어와 마찬가지로 이탈리아인 특유의 억양이 있긴 했지만 알아듣고, 말하고, 웃고 떠드는 것까지 가능했기에 적어도 내 눈에 라비니아는 영국인이나 미국인과 다를 바 없었다. 그에 반해 나는 대충 무슨 말인지는 이해해도 뭐라고 대답해야 할지 머릿속에 단어들만 빙빙 떠돌 뿐, 소리내 말하는 것이 쉽지 않았다.

토마스는 카페나 학생식당, 교내 정원 등 어디든지 나와 라비니아가 함께 있는 모습을 발견하면 신이 나서 달려왔다. 그리고 너무도 자연스럽게 우리의 대화에 끼어들었다. 그 순간부터 나는 그들을 멍하게 쳐다보거나, '너희 둘이서 대화해, 난 내 할 일을 할게'라는 듯한 표정으로 중국어 단어만 끄적거리고는 했다.

적어도 눈치가 있는 사람이라면 그런 내 모습을 보고 자리를 피해주던지, 아니면 두 사람이 따로 약속을 잡으면 될 텐데 토마스는 꼭 나를 대화에 끌어들이려고 했다. 내가 영어를 못하는 줄 알면서, 그리고 본인도 중국어를 잘하면서도 매번 영어로 '지난주에 갔다 온 만리장성은 어땠어?', '이번 학기 중국어 문법 선생님은 괜찮아?' 등의 질문을 던졌다. 그때마다 나는 장롱 밑 깊숙이 굴러들어간 동전을 꺼내듯, 중 고등학교 때 배웠던 오래된 단어들을 겨우겨우 찾아내 간신히 대답하 곤 했다. 마치 잃어버린 기억이라도 떠올리는 사람처럼 더듬거리는 발 음이 웃긴 건지, 당황스러워하는 표정이 재미있던 건지 토마스와 라비 니아는 내가 영어로 말할 때마다 늘 웃음을 참지 못했다.

그들의 웃는 얼굴을 보고 화를 낼 수도, 그렇다고 같이 웃을 수도 없는 상황을 매번 어떻게 넘겨야 할지 몰랐다. 그리고 언제 또 찾아올 지도 모를 이 상황을 다음에는 어떻게 반응해야 할지 고민해야 했다. 때로 중국어는 내가 토마스보다 훨씬 잘하니 그가 영어로 물어보면 고 급 중국어로 답할까 생각해보기도 했다. 하지만 내가 말한 단어를 못 알아들었을 경우, 그게 무슨 뜻인지 다시 영어로 물어올게 뻔했기 때 문에 해법이 아니란 생각이 들었다. 나의 고급 중국어 단어도 그 앞에 서만큼은 무용지물이었다.

토마스는 그렇게 한참동안이나 나와 라비니아의 소중한 시간을 한 바탕 흐려놓고 사라지곤 했다. 그가 떠나고 나면 더 이상 공부도, 대화 할 기운도 없어 털레털레 기숙사로 돌아가야 했다. 하지만 그럴때마다 마음속 한 곳에는 뜨겁게 불타오르는 뭔가가 생겨났다. 영어에 대한 욕심의 벽돌이 한 장 한 장 쌓이기 시작한 것이다.

'토마스, 내가 언젠가 꼭 너와 영어로 멋지게 대화하고 말겠어! 두고 봐!'

완벽할 필요는 없다

◇◇◇◇◇◇◇◇

한국으로 돌아와서는 본격적으로 영어공부에 돌입했다. 처음 중국어를 접했던 그때를 떠올리며 재미있게 공부할 수 있을 방법과 환경을 찾으려고 했다. 영어공부와 관련된 카페에 가입하고, 영어 스터디, 영어회화 관련 동호회나 모임을 검색했다. 학교 근처나 아르바이트를 하는 곳 근처의 모임에 가입해 외국인들과 한 마디라도 더 할 수 있는 환경에 나를 노출시켰다.

그렇게 적게는 한 달에 두 번, 많을 때는 주말마다 스터디나 회화 모임에 나가 영어에 대한 두려움을 없애고 외국인들과 친해지기 위한 시간을 보냈다. 처음 모임에 참가했을 때는 사람들 사이에서 아무 말 못하고 앉아 있으니 외국인들이 먼저 말을 걸어주었다. 토마스에 대한 기억 때문인지 제대로 대답을 못하고 머뭇거리는 나를 보고 옆에 있던 한 회원이 말해주었다.

"괜찮아요. 그냥 생각나는 단어부터 말해요. 영어는 외국어지 모국어가 아니니까 완벽할 필요 없어요."

그렇다, 그 말이 정확했다. 처음 내가 중국어를 배울 때는 내 발음이 엉망이고, 문법에 안 맞아도 중국어를 못 알아듣는 친구들 앞이다 보니 눈치 보지 않고 자신 있게 읽고 말할 수 있었다. 그리고 친구들의 눈빛에서 대단하다는 신호를 읽으면 그것이 원동력이 돼 더욱 자신감을 가질 수 있었다.

영어도 마찬가지로 여기고 도전하면 되는 문제였다. 영어도 결국 외국어인 만큼 완벽하지 않아도 두려움 없이 말하기 시작하면 금세 자신감도 생기고 습득할 수 있는 언어일 뿐이라고 생각했다. 그렇게 정리하고 나니 한결 마음이 편해지고 외국인과 대화를 이어갈 수 있었다.

또 내가 영어공부에 활용한 나만의 방법이 있었다. 승무원이 되겠다고 결심한 후 본격적으로 크루즈에 대해 공부하기 시작한 것이다. 당시 우리나라에는 크루즈라는 것 자체가 굉장히 생소했기 때문에 관련된 정보를 찾기 위해서는 해외 사이트를 통하는 방법밖에 없었다. 그래서 자연스럽게 해외 사이트를 찾아다녀야 했고, 영어로 된 정보를 이해하기 위해 더 열심히 공부해야만 했다.

크루즈 기업들의 공식 홈페이지와 크루즈 상품이나 관련 투어, 이용 후기 등의 정보가 잘 정리돼 있는 크루즈 크리틱Cruise critic이라는 사이트를 자주 드나들었다. 특히 이곳에 남겨진 수많은 이용 후기들은 크루즈 안에서의 일상생활은 물론 단어를 익히기에 더없이 좋았다. 만약 통상적인 방식으로 문법 위주의 공부만 했다면 결코 배울 수 없는 크루즈 용어들을 생생한 후기를 통해 쉽게 익힐 수 있었다. 그것도 너무나 즐거운 마음으로 말이다. 이렇게 공부했던 방식은 이후에 면접 과정에서도 나의 강점으로 작용했다.

결국 어떤 언어를 공부하건 가장 중요한 것은 마음가짐이었다. 언어를 배운다는 것은 내가 모르는 세계와 문화를 받아들이는 것이다. 한 번도 걸어본 적 없는 아이들이 걸음마를 할 때 넘어지고 일어나기를 수없이 반복하는 것처럼, 새로운 언어의 세계로 들어갈 때 역시 계속해서 부딪쳐봐야 한다. 그렇게 그 문화에 관심을 가지고, 부딪히고 빠져들다 보면 귀와 입은 물론 마음까지 열리는 경험을 하게 될 것이다.

SINCE 2007

즐기는 사람을
이길 방법은 없다

학교에 '제1회 전국 대학생 중국어 프레젠테이션 대회'가 열린다는 공고가 떴다. 교내 대회가 아니라 전국 대학생을 대상으로 열리는 대회였다. 예전 같았으면 꿈도 못 꿨겠지만, 베이징에서 공부하고 돌아온 이후에는 자신감이 많이 늘어 있었다. 그리고 '벌써 몇 년째 중국어를 공부했는데 대회에도 한 번쯤 나가봐야 하지 않겠어?' 하는 오기도 생겼다. 처음 열리는 대회이다 보니 과거 대회 참가자들에 대한 기록은 물론 심사위원들의 평가 기준 같은 정보가 전혀 없었다. 하지만 모두가 나와 같은 조건일 테고 오히려 비교 대상이 없다는 사실이 의외의 자신감을 가져다주었다.

참가신청을 하고, 예선을 통과하고 나니 대회까지 2개월의 시간이

당신들의 기준은 사양하겠습니다

주어졌다. 발표 주제는 자유롭게 정할 수 있어 나는 중국의 정치, 경제, 역사 관련 주제를 중심으로 리스트를 작성했다. 그리고 각 주제에 관한 책이나, 기사, 논문 등을 읽으며 세밀히 검토했다. 그런데 아무리 찾아봐도 내 관심을 사로잡는 것이 없었다. 무엇보다 주제에 대한 나의 이해도나 관심이 높아야 한다고 생각했다. 평소 아무 관심도 없던 주제를 단지 대회를 위해 대본으로 만들고 기계적으로 암기해 발표하는 건 초등학생 웅변대회와 다를 바 없다고 생각했기 때문이다. 더구나 프레젠테이션을 활용하는 만큼 생동감 있는 발표를 하고 싶었다.

처음 작성했던 리스트에서 정치, 경제, 역사 항목을 지우고, 내가 베이징에서 생활하면서 경험하고 느꼈던 것들을 떠올리며 다시 써 내려갔다. 중국 배낭여행기, 자전거를 배울 수밖에 없었던 중국의 환경, 놀라운 속도로 건축되던 대형 건물들 등등. 발표 주제라고 하기에는 너무 가볍다고 할 수도 있지만, 직접 내가 겪은 경험인 만큼 청중들에게도 생동감 있게 전달될 거라 생각했다.

그렇게 발표 내용을 정리하다 보니 특히 더 애정이 가는 주제가 눈에 들어왔다. 바로 베이징에서 지내는 동안 자주 찾던 장소인 '베이징 798예술구'였다. 베이징의 다산쯔 지역에 위치한 이 예술구는 원래 공장지대였는데 일련번호가 798이었던 데서 그 명칭이 유래했다. 버려진 공장지대였던 이곳에 예술가들이 하나둘씩 모여들고 뒤따라 갤러리, 카페, 음식점이 들어섰다. 2006년에 문화창의산업 특구로 공식 지정이 되면서부터 이곳은 베이징, 아니 중국을 대표하는 문화예술 공간이 되었다.

내가 다니던 대학교에서 798예술구까지는 버스로 1시간 반 정도 걸렸는데도 매달 한두 번은 그곳을 찾아가 시간을 보냈다. 시시각각 변화하는 전시와 작가들 덕분에 한번 방문했었던 곳도 늘 새로운 전시장으로 변해 있었다. 예술에 대해 아는 것은 많지 않았지만 보는 대로 느끼면 되는 분야라 생각했다. 맞고 틀림이 없고 원하는 대로 느끼면 되는 것이 예술의 매력이 아닐까. 그리고 자주 방문하다 보니 몇몇 갤러리 주인과는 인사를 주고받을 정도로 친해지기도 했었다.

'그래, 내가 투어 가이드가 돼서 베이징 798예술구를 소개하는 거야!'

대회의 청중들은 798예술구를 방문한 관광객이고, 나는 그들을 안내해주는 투어 가이드가 되는 것이었다. 내가 가이드 역할을 맡아 평소 좋아하고 잘 아는 공간을 소개한다고 생각하니 벌써부터 설레고, 대본 작성도 어렵지 않게 풀려 나갔다.

대회를 앞두고 일주일에 세 번씩 가리 언니를 찾아가 발음 연습을 하고 틈만 나면 대본을 읽어가며 암기했다. 프레젠테이션은 내가 직접 찍은 사진을 중심으로 만들었고, 알고 지낸 갤러리 주인들에게 연락해 대회에 대해 설명한 후, 798예술구를 소개하는 데 도움이 될 동영상을 촬영해 달라고 부탁하기도 했다. 그리고 현장에서 안내를 받는 것 같은 느낌을 전달하기 위해 사진과 영상을 중심으로 프레젠테이션을 만들기 시작했다.

베이징 798예술구로 초대합니다

<><><><><><><>

대회 당일 친구에게 빌린 검은색 원피스를 입고, 너무 많이 읽어 너덜너덜해진 대본을 손에 꼭 쥔 채 대회장으로 향했다. 이제는 다 외워 필요 없었지만 오랫동안 함께하다 보니 부적 같은 느낌이었다. 친구가 10분 간격으로 "잘할 거야. 떨지 말고 해. 파이팅!"을 반복하는 걸 보니 정작 나보다 그 친구가 더 긴장하고 있는 것 같았다. 무대 뒤에는 전국에서 예선을 거쳐 올라온 대학생들이 손에 쥔 스크립트를 읽고 또 읽고 있었다. 중국의 경제개혁, 당나라 때부터 이어져온 차문화 등 등 얼핏 들어도 주제들 하나하나가 어떻게 생각해냈을까 싶을 만큼 창의적이었다. 게다가 참가자 중 몇 명의 발음은 중국인이라고 해도 믿을 만큼 뛰어났다. 대회장에 올 때까지만 해도 나름 여유가 있었는데 막상 경쟁자들의 실력을 눈앞에서 보고 들으니 덜컥 겁이 났다.

'너무 가벼운 주제를 선택한 걸까? 후배들 앞에서 망신당하지는 않아야 할 텐데.'

나는 손에 쥐고 있던 스크립트를 다시 들여다보았다. 접고 펼치기를 수백 번도 더 반복하다 보니 곳곳의 글자들은 닳아서 이제 보이지도 않았다. 비록 다른 참가자들에 비해 가벼운 주제일지 몰라도 수십 번을 고쳐가며 써내려간 원고였고, 셀 수 없을 만큼 읽고 준비했다. 대회 준비를 하는 동안 한 순간도 지겹거나 힘들다는 생각을 해본 적이 없었다. 선후배들 앞에서 진짜 투어 가이드처럼 제스처도 취하며 즐겁게 연습하던 시간들을 떠올렸다. 그리고 마음속으로 주문을 걸어보았다.

'그래, 대회가 아니다. 이 순간 나는 진짜 투어 가이드고 여행객들과

함께 즐거운 여행을 한다.'

드디어 대회가 시작되었고 참가자들이 발표를 이어나갔다. 역시 예선을 거쳐 올라온 참가자들이라 그런지 실력이 보통이 아니었다. 그리고 마침내 내 차례가 되었다. 나는 크게 심호흡을 하고 웃으며 무대 위로 올랐다. 프레젠테이션의 첫 화면을 띄우자마자 청중들 사이에서는 웃음이 터져 나왔다. 치파오(원피스 모양의 중국 전통의상)를 입고 깃발을 흔드는 내가 '베이징 798예술구에 오신 것을 환영합니다'라는 인사말과 함께 화면에 등장했기 때문이다. 객석의 반응을 보며 마음속에서는 '성공했다!'라는 외침이 터져 나왔다. 기대했던 분위기를 접하자 잠시 잃었던 자신감이 다시 샘솟는 걸 느꼈다.

청중들과 함께 떠나는 10분간의 여행, 장소는 내가 가장 좋아하는 곳이다. 발표 내내 청중의 웃음은 끊이지 않았고, 내가 준비한 여행을

당신들의 기준은 사양하겠습니다

꽤 즐기는 것 같았다. 무사히 발표를 마치고 무대에서 내려오는데 어떤 사람이 직접 798예술구를 가보고 싶어졌다는 말을 했다. 그 순간 나는 이 대회에서 상을 받지 못해도 괜찮다는 생각이 들었다. 최선을 다해 준비한 것을 쏟아냈고 청중들은 함께 즐겨주었다. 그리고 무엇보다 내가 가장 아끼는 곳인 798예술구에 관심을 가져주었다. 내게는 그것만으로도 충분했다.

모든 참가자들의 발표가 끝나고, 심사 결과가 발표됐다. 동상, 은상, 금상 수상자가 차례로 호명되어 무대에 올랐다. 중국인이라고 착각할 만큼 발음이 좋았던 친구가 역시 금상을 받았다. 누가봐도 뛰어난 발표였다. 함께 대회에 참가한 동기가 '청중들이 그렇게 네 발표를 좋아했으니 인기상이라도 주지 않겠어?'하고 위로의 말을 건넸다. 그러던 중에 심사위원이 마지막으로 대상 수상자를 호명했다.

"제1회 전국 대학생 중국어 프레젠테이션 대회 대상!"

몇 초간의 정적 후 드디어 대상 수상자가 호명됐다.

"베이징 798예술구, 부산외대 중국어과 04학번 김나영!"

놀이터에서 노는 아이들처럼
◇◇◇◇◇◇◇◇

10년이 지난 지금도 당시 대회장에 있던 친구들은 아직까지 베이징 798예술구를 기억한다고 말한다. 그리고 실제로 내 발표를 들은 후 베이징에 여행을 가거나, 유학을 떠난 친구들은 가장 먼저 그곳부터 방문했었다고 한다. 그런 말을 들을 때마다 '또 한 명의 친구에게 놀이터를 찾아줬구나' 하는 생각이 들어 큰 보람을 느끼곤 했다.

나는 중국어를 배우기 위해 처음 외국어학원을 방문했을 때 경험했던 '놀이터에서의 즐거움'을 잊지 않으려고 한다. 그것은 내게 초심이자 정말 좋아하는 것을 만났을 때의 설렘 같은 것이다. 어린아이들이 틈날 때마다 놀이터에 가는 이유는 단순하다. 그곳에 정말 가고 싶었기 때문이다. 놀이터에 가면 친구들과 신나게 놀 수 있으니 생각만 해도 설레고 가기도 전부터 마음이 즐거워진다. 이처럼 어떤 일을 할 때 몸과 마음이 함께 향할 수 있는 것을 찾는 건 정말 중요하다.

물론 살다보면 내가 좋아하지 않아도 해야만 하는 일들을 적지 않게 만나게 된다. 그럴 때면 나는 주어진 환경 속에서 최대한 즐기고 행복해할 수 있는 마음을 가지려고 한다. 내가 처한 상황을 바꿀 수 없다면 마음가짐을 바꾸는 것이다. 그렇게 그 일을 대하다보면 정말 좋아하는 마음이 자라고, 어느새 새로운 놀이터가 되어 있을 것이다.

SINCE · 2007

꿈에서
마침내 현실로

　베이징에서 만난 라비니아의 사진첩 속에서 우연히 알게 된 크루즈라는 세상. 그리고 그 세상에서 펼쳐지는 이야기에 나는 자연히 크루즈를 동경하게 되었다. 한국에 돌아온 이후 크루즈 회사에 취업하고자 결심을 하고 백방으로 알아보기 시작했다. 하지만 국내에서는 크루즈에 관한 정보를 구할 방법이 없는 데다 입사경로를 찾는 건 더더욱 어려운 일이었다. 선배나 교수님들께 여쭤봐도 크루즈와 관련된 직업을 가진 사람은커녕 크루즈 승무원이라는 직업 자체를 모르는 사람이 대부분이었다.

　오로지 해외 포털사이트와 라비니아의 조언에 의존할 수밖에 없었던 나는 직접 크루즈 회사들에 대해 검색하고 정보를 모으기 시작했다. 카니발 코퍼레이션Carnival Cooperation, 코스타Costa, 로얄캐리비안 크루즈 라인Royal Caribbean Cruise Lines, 프린세스Princess, MSC 크루즈MSC Cruise, 스타 크루즈Star Cruises, 크리스털 크루즈Crystal Cruise 등등 세상에는 내가 생각했던 것보다 훨씬 많은 크루즈 회사들이 존재하고 있었다. 그리고 한 회사당 최소 3척, 많게는 40척 이상의 크루즈 선을 보유하고 있을 정도로 규모도 어마어마했다. 전 세계를 무대로 수백 척의 크루즈선이 1년 365일 하루도 쉬지 않고 바다를 항해하고 있다니, 정말 믿을 수가 없었다.

각 크루즈 회사 홈페이지에 접속해 회사의 규모나 노선, 채용경로를 파악하는 데만도 한 달이라는 시간이 필요했다. 그 기간은 감히 장담컨대 내 인생에 있어 가장 신나는 한 달이었고, 미지의 세계를 접하게 된 충격의 시간인 동시에 모험의 시간이었다. 아르바이트를 마치고 돌아와 잠자리에 들기 전까지 매일 5시간씩 미지의 세상으로 항해를 했다. 지금까지 들어보지도 못한 섬 이름, 부두 이름들을 검색하고 지도나 사진을 찾다 보면 마치 신대륙을 발견한 콜럼버스라도 된 것 같았다. 크루즈 관련 잡지, 블로그, 카페들도 왕성하게 활동 중이었으며, 기사, 사진, 동영상 등의 정보가 넘쳐났다. 넓은 바다를 항해하는 듯한 마우스는 좀처럼 클릭을 멈출 수 없었다. 20여 년간 살아오며 내가 경험한 것은 진짜 세상의 채 1%도 안 된다는 것을 절실히 느끼는 순간이었다.

나는 부산에서 태어나고 자란 덕에 바다의 풍경, 부두의 모습, 정박해 있는 배들의 모습에 꽤 익숙했다. 그러나 크루즈 회사 홈페이지에서 설명하는 8만 톤, 13만 톤이라는 수치만으로는 그 배들이 얼마나 큰지

당신들의 기준은 사양하겠습니다

가늠조차 할 수 없었다. 그나마 총 탑승객 수 800명, 2,500명, 4,000명이라는 상세정보를 보며 대략적이나마 배의 크기를 상상해볼 수 있었다. 그 숫자를 볼 때마다 '어떻게 저렇게 많은 사람이 한 배에 탈 수가 있지?' 하며 눈을 의심했다. 하지만 그 의심은 크루즈를 소개하는 동영상들을 보면서 사그라들었고 어마어마한 수치들이 모두 사실임을 믿게 되었다. 수천 개에 달하는 객실은 물론이고, 거대하고 화려한 레스토랑만도 여러 개가 있고 카페, 카지노, 면세점, 극장, 아이스 스케이트장, 워터슬라이드, 수영장, 인공서핑 시설, 암벽 등반, 골프 코스, 농구장 등등 배 안에 있다고는 상상도 할 수 없는 것들로 빼곡했다. 마치거대한 도시를 바다 위에 그대로 재현해 놓은 것만 같았다. 넋이 나간 듯 몇 시간째 동영상을 보면서 '나도 언젠가 저렇게 큰 배를 타고 여행하거나 승무원이 되어 근무할 수 있겠지?' 하는 상상에 벌써부터 가슴이 두근거렸다.

그리고 언제부터인가 나는 승무원으로 크루즈 안에서 생활하며 세계를 여행하는 꿈을 꾸었다. 꿈에서 깨고 나면 또다시 책상에 앉아 기억을 되살리기 위해 크루즈 동영상을 찾아보곤 했다. 여유롭게 배에서의 생활을 즐기는 승객들의 모습, 미소를 띤 채 일하는 승무원들의 모습을 보면서 나도 그들과 크루즈 세상에서 함께 하고 싶다는 소망이점점 커졌다. 그렇게 약 한 달가량 걱정과 동경을 반복하며 크루즈 회사, 크루즈 산업에 관련해 내가 모을 수 있는 모든 지식과 정보를 수집해나갔다. 그렇게 본격적으로 크루즈 회사 입사를 준비하기 시작한 것이다.

나의 선택을 믿기로 했다

◇◇◇◇◇◇◇◇

크루즈의 경우 채용 기간이 따로 정해져 있지 않아 회사별로 채용 공고가 뜨는지를 수시로 확인해 봐야 한다. 입사 지원은 개인적으로 직접 크루즈 선사에 하는 방법과 각 국가별로 회사와 연계된 공식대행사를 거치는 방법이 있다. 나는 외국기업의 특성과 시차 등 여러 상황을 고려해 대행사를 통해 지원하는 것이 안전하다고 판단했다.

일반적으로 크루즈 승무원을 선발할 때는 경력자를 우선으로 한다. 경력이 없는 경우는 지원을 해도 합격률이 낮고, 면접 기회조차 없는 경우가 많다. 우리나라 같은 경우 호텔관광학과나 특정 학과가 아닌 이상 학생 신분으로 실습을 하고 경력을 쌓을 수 있는 경로가 많지 않지만 외국의 경우 학생들이 학교를 다니면서도 단기 인턴십이나 프로젝트를 통해 경력을 쌓을 수 있는 기회가 많다. 따라서 똑같은 학생 신분이더라도 최소 1~2년의 경력을 가지고 있는 경우가 많다. 대학에서 강의를 듣고, 시험을 보는 정도의 교육에서 그치지 않고 더 나아가 현장 경험을 중시하는 문화가, 또 체험할 수 있게 하는 시스템이 그들의 경쟁력이라는 생각이 들었다.

나는 수많은 크루즈 기업들 중에서 '로얄캐리비안 크루즈'에 지원하기로 결정했다. 미국 마이애미에 본사가 있는 로얄캐리비안 크루즈는 전 세계 7대륙 80개국에 걸쳐 490여 곳의 기항지로 운항하고 있으며, 6개의 자회사를 보유한 크루즈 분야 세계 최대의 리딩 기업이다. 보유한 크루즈 선만도 49척에 달했다. 무엇보다 로얄캐리비안 크루즈는 다른 브랜드들에 비해 혁신적인 크루즈 선박을 지속적으로 만들어내

당신들의 기준은 사양하겠습니다

는 등 항상 도전적이고 색다른 것을 추구하는 모습이 내 마음을 사로잡았다. 그동안 아르바이트를 하면서 꾸준히 베이커리, 커피숍, 편의점, 식당 등 요식 서비스업에서 일한 경력이 모두 합쳐 3년이 넘었다. 이 경력과 내 성격 등을 고려할 때 F&B(식음료) 부서가 나와 잘 맞을 것 같았다. 그래서 레스토랑 내의 보조 웨이터Assistant Waitress 부문에 지원을 했고, 실제로 회사에서도 아르바이트 경험을 경력으로 인정해줘 서류 전형을 통과할 수 있었다.

서류 전형을 통과한 후에는 전화 면접이 진행됐다. 면접은 일상 대화처럼 이뤄졌는데 인사와 함께 가볍게 농담도 주고받으니 마치 새로 사귄 친구와 이야기를 나누는 듯했다. 취미가 뭔지, 어떤 운동을 좋아하는지, 중국 생활은 어땠는지 등 이력서에 적힌 내용을 확인하는 정도의 질문과 우리 회사는 어떻게 알게 됐는지, 왜 크루즈에서 일하고 싶은지, 평소에도 외국인하고 대화를 할 기회가 많은지 등 업무와 관련된 질문들을 자연스러운 분위기에서 주고받았다.

전화 면접을 통해 회사가 알고자 하는 건, 지원자가 영어로 의사소통이 되는지의 여부였다. 서류상으로는 영어를 잘 한다고 해도 일상에서 의사소통이 되지 않는 경우가 많기 때문이다. 특히 크루즈에서는 승객과 이야기를 나눌 기회가 많기 때문에 대화가 자연스럽게 이뤄지는지를 중점으로 보는 것이다.

전화 면접에서 합격하면 마지막으로 실무진 면접을 보게 된다. 원래는 실무진이 한국을 방문하는 경우는 드문데 내가 지원했던 해에는 담당자의 중국 출장 일정과 맞아 떨어져 이례적으로 직접 면접을 볼 수 있었다. 최종 면접 역시 편안한 분위기에서 진행되었다. 담당자가 핑장히 편하게 대해 주었고, 질문도 까다롭거나 어렵지 않았다. 이 면접에서 중요한 것은 단 하나뿐이었다. 크루즈 승무원은 매일 승객과 만나는 직업이기 때문에 인상과 태도가 무척 중요하다. 그래서 최종 면접에서도 면접자와 대화를 나누며 웃는 얼굴과 태도를 중요한 요소로 확인을 한다.

모든 지원절차가 끝나고 하루에도 수십 번씩 메일을 확인하며 초조하게 결과를 기다렸다. 2주 정도 지났을까, 드디어 메일 한 통을 받았다. 심장이 터질 듯 두근대는 마음으로 메일을 열어 보았다. '김나영 님, 합격을 축하합니다.'라는 문장이 들어있는 최종 합격 메일이었다. 동영상으로만 보며 꿈에 그리던 세상에 직접 뛰어들 수 있게 된 것이다. 꿈이 현실이 된 그 순간은 어떤 단어로도 설명할 수 없을 만큼 행복했다. 가족과 주변 사람들에게 합격 소식을 알리고, 아르바이트 업체 사장님한테까지 찾아가 소식을 전하기도 했다.

동네방네 자랑을 하고 돌아다니는 내 모습을 누가 봤다면 사법고시에 합격이라도 한 걸로 착각했을지도 모르겠다. 누군가는 배에서 일하는 '보조 웨이터'가 된 게 뭐 그리 자랑스럽냐고 할 수도 있다. 하지만 그런 건 중요하지 않았다. '돈 많이 받는 일', '남들에게 있어 보이는 일'이 아니라 내가 진정 '바라는 일', '하고 싶은 일'을 할 수 있게 되었기 때문이다. 단순히 생계를 위해서가 아니라 꿈을 위해 일할 수 있게 되었다는 자체만으로도 세상을 다 가진 듯 행복했고, 그 도전을 시작한 스스로가 자랑스럽기만 했다.

합격 통지를 받은 후 나는 6개월 동안 크루즈에서 생활할 짐을 다

싸놓고 승선일이 나오기만을 기다리기 시작했다. 최종 합격을 하고 나면 바로 며칠 후, 아무리 늦어도 한두 주 후에는 출국하는 줄로 생각했기 때문이다. 하지만 몇 달이 지나도록 승선을 하기 전에 받는 승무원 승선 확인증LOE, Letter of Employee이 나오지 않았다. 이 확인증에는 승선자의 개인정보, 직위, 승선하는 날짜, 체류하게 될 나라, 승선하는 선박, 하선하는 날짜 등이 기재되어 있다. 이 확인증이 있어야 내 신분을 증명하고, 기항지에서 입출국은 물론 부두 출입도 가능해진다. 그만큼 중요한 서류가 아직 발급이 안 됐다는 것은 나는 합격자임에도 불구하고 여전히 취업 대기자라는 뜻이었다.

바다를 향한 기다림

◇◇◇◇◇◇◇

짐을 싸두고 처음 한 달은 한동안 만날 수 없는 친구들, 선후배들, 교수님, 가족들과 만나 인사를 하다 보니 금세 시간이 지나갔다. 두 번째 달에는 다시 짐 정리를 하며 혹시나 빠트린 건 없는지 점검하고, 영어공부에 집중하고, 틈틈이 달리기를 하며 체력도 길렀다. 그리고 어느 크루즈 선으로 배정받을지, 어느 항로로 갈지 아무것도 모르는 상황에서 매일 밤 세계지도를 펼쳐놓고 기대와 설렘만 키워갔다. 하지만 기다림이 이어진지 세 달째가 되자 기대감과 더불어 불안감도 엄습해오기 시작했다. 두 달 전 이미 인사를 나눈 친구들도 '너 아직 출발 못했어?', '배는 언제 타?', '배를 타긴 타는 거야?'라며 물어오기 시작했다. 엄마는 외국에서, 그것도 배에서 일을 하게 된 딸 걱정이 많이 되기도 했지만 막상 몇 개월이 지나도록 출발도 못하고 있는 내가 행여나 상처라도 받지 않을까 더 걱정했다. 결국 혹시 입사에 문제가 생긴 건 아닌지, 입사가 취소라도 된 건 아닌지 조심스레 물어보곤 했다.

난 애써 태연한 척 "응, 곧 출국할 거야. 직원이 많아 서류작업이 늦어지는 거래."라며 엄마를 안심시키기 위한 거짓말을 했다. 하지만 그렇게 해서라도 스스로를 안심시키고 싶었던 건지도 모른다. 사실 누구보다 불안과 초조함에 시달리고 있는 사람은 엄마도, 친구들도 아니라 바로 나였으니까.

결국 연락을 기다린 지 4개월째에 접어들자 이렇게 아무런 기약 없이, 계획도 없이 무작정 기다리기만 해서는 안 된다는 생각이 들었다. 몇 번이나 채용 담당자를 통해 본사에 연락을 취해보았지만 돌아오는 건 조금만 기다려 보라는 위로의 말뿐이었다. 언제 떠나게 될지 모르니 일자리를 구할 수 없었던 탓에 통장의 잔고는 갈수록 줄어들고 있었다. 넘치던 기운은 사라지고, 몸과 마음은 기다림에 지쳐만 갔다. 무엇보다도 나를 가장 힘들게 했던 건 줄어드는 통장 잔고도, 주위 사람들의 의구심도 아니었다. 함께 합격했던 사람들이 더 이상 기다리지 못하고 다시 취업준비를 시작하는 등 승선을 포기하기 시작한 사실 때문이었다.

함께 스터디를 하며 취업을 준비했고, 많은 사람들이 가보지 못한 길인만큼 함께 도전해보자며 서로 칭찬과 격려를 나누던 사람들이었다. 한 팀이라고 생각했던 그들의 크루즈를 포기하고 다른 곳으로 취업해야겠다는 선언은 적잖은 충격일 수밖에 없었다. 그러나 나는 그들처럼 포기할 수 없었다. 지금껏 어떻게 준비했고, 여기까지 어떻게 왔는데. 얼마나 많은 꿈을 꾸었는데 그 꿈을 펼쳐보지도 못하고 기다리기만 하다 포기할 수는 없었다. 하지만 가난이라는 현실의 벽은 만만치 않았고, 아직도 취업 대기자 상태인 나는 마냥 기다리고 있을 수만은 없었다.

크루즈 회사로부터 반드시 연락이 올 것이라는 믿음을 갖고 있던 나는 F&B 부서에서 일할 수 있는 인턴십 또는 단기 아르바이트 자리를 알아보았다. 크루즈에서 내가 지원한 부분이 바로 F&B 부서였던 만큼 이왕이면 연관성이 있는 부서에서 경험을 쌓는 것이 좋다고 판단했기 때문이다. 기다림의 시간마저도 소중하게 생각하고 크루즈에서 하게 될 일과 관련해 활용하고 싶었다. 영어와 중국어 공부에도 평소보다 많은 시간을 쏟았고, 매일 크루즈 산업과 관련된 뉴스를 챙겨봤다.

크루즈에 지원하기 위해 준비하며 정보를 검색하고 수집하던 때로 다시 돌아간 듯한 느낌이었다. 매일 꿈을 꾸고, 꿈을 키우던 그때의 설렘이 지금은 현실이 되어 있지 않은가. 그렇다면 지금의 상상도 1년 뒤에는 현실이 될 수도 있다는 말이 된다. 나는 앞으로 1년 후의 내 모습을 다시 상상하며 오랜 기다림을 즐겨보기로 했다. 마음을 정리하고 새롭게 각오를 다지던 무렵, 남해에 위치한 골프 리조트의 F&B부서에 인턴으로 채용되었다. 엄마는 인턴십인데다 집에서도 멀리 떨어진 곳이라 걱정했지만 오히려 나는 여행을 떠나는 듯한 기분이었고, 매일 바다를 볼 수 있는 곳이라는 게 맘에 들었다.

크루즈로 향하는 항로에 내가 있다는 확신을 놓지 않았다. 내게는 매순간이 승선을 준비하는 시간이었으며 비록 크루즈가 아닌 다른 곳에서 일을 하고 있어도 이 또한 크루즈로 가기 위한 준비과정이며, 이 모든 것들이 바다 위의 부표처럼 하나씩 떠올라 결국은 크루즈로 이어진다고 믿었다.

어차피 크루즈 승무원이 될 텐데

◇◇◇◇◇◇◇◇◇

인턴으로 근무한 지도 2개월째에 접어들던 어느 날, 그날은 왠지 순조롭게 지나가는 일이 하나도 없었다. 혼자 매점에서 근무하는 날이었는데 평일임에도 불구하고 유독 손님이 많았고, 라운딩하는 팀들의 속도조절이 제대로 되지 않아 고속도로의 교통체증처럼 앞뒤가 꽉 막힌 날이었다. 게다가 그날따라 게임이 잘 풀리지 않았던 건지, 기분 탓인지 매점을 찾는 손님들이 유난히 나를 예민하게 대하는 것처럼 느껴졌다. 종종 겪는 일이라 처음에는 웃음으로 대처하며 넘어갔지만, 반복해서 비슷한 상황을 겪다 보니 결국 나도 제대로 감정을 풀어내지 못한 채 그만 표정, 말투를 통해 드러내고 말았다. 결국 손님으로부터 불친절하다는 컴플레인까지 받게 되자 나는 그대로 받아들이지 못하고 그 손님과 말다툼을 벌이기까지 했다. 상황을 파악한 매니저는 서둘러 다른 직원과 나를 교체한 후 호된 꾸지람을 했다. 한참을 혼나고 서면 계고를 받고 기숙사로 돌아가는 길에서 나는 그만 감정을 주체하지 못하고 길 한가운데 앉아 펑펑 눈물을 쏟아냈다.

지금 내가 처한 상황이 좀처럼 이해되지 않았고, 크루즈에서 일하고 있어야 할 내가 왜 이곳에서 이러고 있는지 너무나 억울했다. 정말 잘

하고 싶었는데 마지막까지 맘처럼 풀리지 않았던 그날 하루가 너무 억울하고 서러웠다. 갑자기 가족과 친구들도 보고 싶고, 해야 할 역할을 제대로 처리하지 못한 나에 대한 실망도 컸다. 또 9개월째 연락 한 통 없는 크루즈 회사도 너무 야속하고, 바보처럼 무작정 기다리는 내가 한심하기도 했다. 이미 다른 곳에 취업해서 근무 중인 친구들이 사진을 보내올 때마다 부러웠다. 이제 다음 달이면 인턴십의 마지막 근무 기간인데 정직원이 돼도 걱정, 되지 못해도 걱정이었다. 도대체 뭐가 옳은 길인지, 지금 내가 맞는 길로 가고 있는지 확신 없이 흔들리고 있었다. 하지만 다시 마음을 굳게 먹고 지금 있는 이곳에서 할 수 있는 최선을 다해보자고 다짐하며 기숙사로 돌아가는데 메일 수신 알림이 떴다.

로얄캐리비안 크루즈 출국 대기자 김나영 님, 승선을 축하드립니다.

메일을 읽는데 순간 머리가 멍해졌다. 지금 읽고 있는 글을 제대로 이해하고 있는 것인지 읽고, 또 읽었다. 갑자기 다리에 힘이 풀려 그 자리에서 주저앉고 말았다. 한 글자, 한 글자 다시 또박또박 곱씹으며 읽어봐도 나의 승선을 알리는 내용이었다. 그 순간은 하늘에서 내려온 동아줄이라도 잡은 듯한 심정이었다.

그로부터 한 달 뒤인 2009년 10월 9일, 이탈리아 로마에서 내 인생의 첫 크루즈인 로얄캐리비안 크루즈Royal Caribbean Cruises의 레전드 호 Legend of the Seas에 승선하게 되었다.

바다 위 도시에서 세상을 외치다

CHAPTER

3

SINCE 2009

우여곡절
승선기

"부온 죠르노!*Buon Giorno!*"

'안녕하세요'라는 이탈리아어를 작은 동양인이 어색한 발음에도 아랑곳하지 않고 지나가는 모든 이에게 외치고 있다. 그 작은 동양인은 바로 나였다. 참 촌스러운 모습이었겠지만 태어나 처음으로 유럽 땅을 밟은 나로서는 너무도 신나는 순간이었다. 게다가 하루만 지나면 그토록 기다리던 크루즈에 승선을 하게 되었으니 솟구쳐 오르는 기쁨과 흥분을 표현하기에는 수백 번의 '부온 죠르노'로도 부족했을 것이다.

로마 공항에 도착한 시간은 대략 저녁 7시. 비행기에서 내려 짐을 찾고 입국장의 문이 열리자마자 믿기 힘든 장면이 눈앞에 나타났다. 바로 라비니아와 그녀의 남자친구가 마중을 나온 것이다. 승무원으로 함격하고, 첫 승선을 로마에서 하게 되었다는 소식을 처음 라비니아에게 전했을 때 그녀는 내 말을 믿지 못했다. 승선 확인증을 보여주자 그제 야 수십 개의 느낌표와 함께 기쁨과 놀라움을 표현했다. 하지만 한창 회사일로 바쁠 때라 마중 나오기 힘들 것 같다고 했던 라비니아가 마 중을 나온 것이다! 베이징이 아닌 로마에서, 밤새 크루즈 이야기를 나 누던 내가 크루즈 승무원이 되어 라비니아와 만나게 되다니. 서로 포 옹을 하며 온기를 느끼는 그 순간에도 꿈이 아닐까 싶을 만큼 가슴이 벅차올랐다.

"나영, 호텔은 어디야? 빨리 체크인부터 해야지!"

바로 다음날 승선을 해야 하는 빡빡한 스케줄이라 라비니아는 얼마 남지 않은 시간이라도 로마를 보여주고 싶은 마음에 나를 재촉했다. 그제서야 나는 로마 공항에서 만나야 할 중요한 사람이 있다는 것이 생각났다. 입국장으로 돌아가 마중 나온 사람은 없는지, 내 이름이 적 힌 피켓을 들고 있는 사람은 없는지 살펴봤지만 아무도 보이지 않았다.

크루즈 승무원들은 크루즈가 접안하는 나라에 미리 도착해 호텔로 바래다주고 승선 당일에는 이동과 모든 절차를 도와줄 직원을 만나야 한다. 아주 중요한 인물인 것이다. 그런데 그 직원이 보이지 않았다. 그 의 연락처도 갖고 있지 않았기에 전화를 걸어볼 방법도 없었다. 다행 히 같은 크루즈에 스포츠 스태프로 승선하게 된 한국인 언니가 혹시 모르니 본인이 묵는 호텔로 같이 가보자고 제안했다. 라비니아도 그게 좋겠다고 해 일단 우리는 다 같이 호텔로 이동했다. 호텔에 도착해 로 얄캐리비안 크루즈 승무원이라고 하며 여권을 건네자 프런트 데스크 직원이 환영한다며 반겨주었다.

'아, 호텔이 이렇게 가까운 데 있어서 직원이 픽업을 나오지 않았나' 하는 생각에 긴장이 조금 풀리는 듯했다. 같이 갔던 한국인 언니는 먼저 방을 배정받은 후 크루즈에서 보자는 인사를 남기고 방으로 올라갔다. 나도 빨리 체크인을 마치고 라비니아와 저녁을 먹을 생각에 들떠 있었다. 그런데 그것도 잠시, 호텔 직원의 날벼락 같은 말에 기분이 바닥까지 추락하고 말았다.

"죄송해요. 투숙객 명단에서 이름을 찾을 수가 없네요."

"네? 아니에요. 그럴 리 없어요. 여기 보세요. 내일 날짜, 로마에서 승선한다고 되어 있잖아요."

나는 가방을 뒤져 승선 확인증을 꺼내 보여주었다. 억울한 누명을 쓴 사람처럼 눈물까지 글썽거리며 항의하자 호텔 직원도 당황하는 눈치였다. 여권과 확인증을 한 번 더 확인하고 투숙객 명단을 다시 훑어보았지만 여전히 이름을 찾을 수 없다는 답뿐이었다. 혹시 내 영어가 부족해 제대로 전달되지 않았을지도 모른다는 생각에 라비니아에게 도움을 요청했다. 라비니아가 이탈리아어로 직원과 대화를 하며 다시 상황을 설명했지만 돌아오는 대답은 여전히 '명단에 이름 없음'이었다.

"나영, 확실히 명단에는 네 이름이 없어. 내가 다른 승무원들의 객실을 예약한 사람에게 연락해보라고 했으니 조금만 기다려보자."

고맙게도 라비니아가 호텔 측에 로얄캐리비안 크루즈의 승무원들이 묵는 객실을 예약한 사람이나 업체를 찾아달라는 요청을 해준 것이다. 하지만 나는 이미 절망의 늪에 빠져 허우적거리고 있었기에 라비니아의 도움에 고마움을 느낄 여유도, 기운도 없는 상태였다. 이 호텔에 묵는다는 한국인 언니는 이미 사라진 상태고 로비에서 누군가의 연락만 기다려야 하는 이 상황을 받아들이기 힘들었다. 내일이면 크루즈를 타야 하는데 명단에 이름이 없다니. 어디서부터 뭐가 잘못되었는지 별의별 생각을 하던 내 머리에 떠오른 건 '취업 사기'라는 단어였다. 생각이 거기까지 이르자 나는 온몸이 부들부들 떨리며 억울함과 분노가 치밀어 올랐다. 라비니아도, 그녀의 남자친구도 어떻게 위로의 말을 전해야 할지 몰라, 아니 어떤 말도 위로가 되지 않는다는 것을 알았던지 곁에서 조용히 지켜봐 줄 뿐이었다.

잠시 후 호텔 직원이 라비니아와 나를 불러 설명해주었다. 그녀의 설명은 두 가지였다. 먼저 나는 내일 승선하는 로얄캐리비안 크루즈의 승무원이 맞다는 것, 그리고 내가 묵을 호텔은 다른 곳인데 공항에 나왔어야 할 직원이 실수로 미팅을 까먹었다는 것이다. 이 상황을 만든 담당자는 지금 호텔로 오는 길인데 2시간 정도 걸릴 것 같다고 했다.

그제야 나는 깊은 안도의 한숨을 내쉴 수 있었다. 긴장이 풀린 탓일까 데스크 앞에 그대로 주저앉아 닭똥 같은 눈물을 뚝뚝 흘렸다. 취업 사기가 아니라는 안도감 때문이기도 했지만, 왜 내 앞에 닥치는 일들은 어느 것 하나 쉽게 풀리는 일이 없는 건지 세상에 대한 원망이 눈물로 쏟아져 나온 것 같았다. 라비니아가 나를 일으켜 세우며 달래주었다.

"괜찮아, 나영. 다 해결됐잖아. 너무 걱정하지 마."

"나의 첫 유럽이고, 첫 로마라고. 내 인생 첫 크루즈고 이제 시작인데 도대체 왜 이렇게 엉키는 걸까?"

"로마는 다음에 또 오면 되잖아. 내가 너를 만나러 가도 되고!"

라비니아는 잠깐 호텔 밖으로 나가 바람을 쐬고 오자고 했지만, 나는 영 마음이 불안해 자리를 뜰 수 없었다. 초조해하는 내 모습에 라비니아도 크게 걱정이 됐던지 늦은 시간임에도 곁에서 함께 기다려 주었다. 얼마나 마음 졸이며 기다렸을까. 뒤늦게 나타난 직원이 어서 차에 타라며 나를 재촉했다.

'늦게 온 사람이 누군데! 누가 누구한테 성을 내는 거야!'

마음 같아서는 온갖 말을 쏟아내고 싶었지만 나는 혹시나 다음날 승선에 문제가 생길까 하는 소심함으로 조용히 차에 올랐다. 나의 첫 유럽, 나의 첫 로마 입성은 어수선하게 마무리되었고 라비니아와 회포를 푸는 것은 다음 기회로 미룰 수밖에 없었다.

그래, 나는 바다로 출근한다

◇◇◇◇◇◇◇

차를 탄 지 1시간 정도 지났을까, 대리점 직원은 아직 한참 가야 하는데 먼 길 오느라 피곤했을 테니 잠을 좀 자두라고 했다. 하지만 이미 그 직원에게 한 번 당한 터라 또 문제가 생기진 않을까 싶어 긴장을 놓을 수 없었다. 게다가 가로등이 많지 않은 로마의 밤길은 유독 어둡고 무서웠다. 혹시나 생길지 모르는 불길한 상황이 머릿속에 떠오르자 나는 차의 불빛이 비출 때마다 건물이나 도로 표지판 하나라도 놓치지 않으려 눈을 부릅뜨고 있었다. 그렇게 한참을 달린 끝에 한 건물 앞에 차가 멈추었다. 얼마나 긴장을 하고 힘이 들어갔던 건지 몸은 돌처럼 굳어 있었고, 어찌나 부릅뜨고 있었는지 눈가가 얼얼했다. 서둘러 트렁크에서 짐을 내리며 불 꺼진 호텔 건물을 보는데 아까 출발했던, 화려한 불빛으로 가득했던 호텔과 너무 달라 비교를 할 수밖에 없었다.

'혹시 내 직급이 낮아 이런 호텔에 묵는 걸까?'

넉넉하지 못한 가정에서 자라고, 든든한 지원군도 없었고, 지방 야간대 출신에 기초생활수급자를 겪어봤으며, 365일 아르바이트를 하며 어렵게 살아오면서도 차별을 받거나 스스로를 약자라고 여겨본 적은 없었다. 그러나 공항에 도착한 순간부터 이 호텔에 오기까지의 짧은 시간 동안 차별받고 있고, 내가 못났다는 생각에서 벗어날 수가 없었다. 자격지심인 걸까, 아니면 기대가 너무 컸던 탓일까. 내 앞에 버티고 선 호텔은 크루즈라는 목표만 보고 달려왔던 지난 시간을 허탈하게 만들 만큼 허름하고 초라했다.

나를 바래다준 직원은 오전 8시에 부두로 가는 차량이 도착할 테니 시간에 맞춰 로비로 오라는 말만 남기고는 그냥 가버렸다. 호텔에 들어서자마자 습하고 쾌쾌한 곰팡이 냄새가 났다. 카운터 직원은 자다 깨서 불쾌한지 미간에 깊은 주름을 만들며 던지다시피 열쇠를 내줬다. 방으로 들어가니 꺼진 것으로 착각할 만큼 침침한 전등, 낡은 침대, 걸을 때마다 삐걱거리는 나무 바닥까지. 일이 안 풀려도 이렇게까지 안 풀리나 싶어 슬퍼졌다.

로마는 라비니아가 살고 있는 곳이자 크루즈의 꿈을 펼칠 수 있게 된 나의 첫 크루즈 승선지였다. 그야말로 모든 것이 완벽하고 환상으로 가득한 도시여야 했다. 그런데 모든 것이 무너지는 느낌이었다. 아침 일찍 출발해야 한다는 생각에 서둘러 씻고 몸을 뉘었지만 시차 때문인지, 아직도 긴장이 풀리지 않은 탓인지 깊이 잠들 수 없었다. '방문은 제대로 잠긴 걸까?', '아침에 직원이 또 깜빡하고 마중 나오지 않으면

104

당신들의 기준은 사양하겠습니다

어쩌지?', '숙박비를 내라고 하진 않겠지?' 등등 혹시나 생길지 모르는 온갖 상황을 머릿속에 그려보다 나도 모르게 까무룩 잠이 들었다.

몇 시간이나 잠을 잤을까, 미리 설정해둔 알람이 아니라 파도소리에 잠이 깼다. 커튼 사이로 빛이 새어 들어오고 있었다. 침대 주변을 둘러보니 꽃무늬 벽지와 나무 바닥이 눈에 들어온다. 꽤 오래된 것 같았지만 빨강머리 앤의 작은 방처럼 아늑한 느낌이 들었다. 일어나 창밖을 보니 바다가 눈앞에 펼쳐져 있었다. 먹구름도 끼고 날씨는 흐렸지만, 바다를 보니 신기하게도 마음이 한결 편안해졌다.

옷을 대충 챙겨 입은 후 호텔 로비로 내려갔다. 그런데 눈앞에 펼쳐진 호텔 내부는 신기하게도 전날 밤 어둠 속에서 봤던 모습과는 전혀 달랐다. 오래되긴 했지만 로비와 호텔 곳곳은 르네상스 풍의 장식과 가구들로 꾸며져 있었다. 영화에서나 보던 궁전의 모습과 흡사했다. 하룻밤 사이에 누가 요술이라도 부린 것 같았다. 어젯밤에 묵었던 바로 그 호텔이 맞는지 의심스러울 정도였다. 강한 파도 소리에 이끌려 밖으로 나가니 아니나 다를까 망망대해가 눈앞에 펼쳐져 있고, 강한 바다 내음이 났다. 어젯밤에는 왜 이 냄새를 맡지 못했을까? 바로 앞에 파도가 넘실대고 호텔에 햇살이 쏟아지자 비로소 지난밤의 서러움과 원망, 분노가 눈 녹듯이 사라지는 것 같았다. 바다를 보며 멍하니 서 있는 나를 향해 외국인 몇 명이 다가오더니 말을 걸었다.

"안녕하세요, 혹시 오늘 레전드 호에 승선하나요?"

내가 그렇다고 하자 본인들도 레전드 호에 승선하는 승무원이라며 각자 일하는 부서를 소개해주었다. 내가 이번이 첫 승선이라고 하니 친절하게도 주의해야 할 점을 하나하나 알려주며 혹시 도움이 필요하면 언제든지 연락하라는 말도 잊지 않았다. 크루즈에 타기 전이지만 벌써부터 동료들과의 호흡, 근무환경을 상상할 수 있을 만큼 기분 좋은 에너지를 받았다.

그들과 이야기를 나누다 보니 시간 가는 줄 몰랐고, 집합시간 30분 전이 되어서야 정신을 차리고 방으로 돌아가 부랴부랴 짐을 정리하고 내려왔다. 호텔 로비에는 어느새 20명이 넘는 크루즈 승무원들로 가득 차 있었다. 그들은 서로 웃으며 이야기를 나누고 있었고 활기로 가득 찬 로비의 광경을 보면서 나는 미소를 숨길 수 없었다.

'그래, 내가 상상하던 건 바로 이런 모습이야.'

8시가 되자 도착한 차량의 경적 소리가 들렸다. 나는 밤잠을 설친 탓에 부두에 도착하기 전까지 잠시나마 잠을 자두고 싶었다. 서둘러 짐을 싣고 버스에 오르니 다른 호텔에서 묵었던 사람들이 이미 앉아 있었다. 새벽 6시에 출발했다며 하품을 하는 그들은 피곤한 기색이 역력했다. 창가 자리에 앉아 잠시 눈을 붙이려고 하는데, 옆자리에 앉은 사람이 부두는 꽤 가까워 금방 도착할 거라고 말해줬다.

버스가 시동을 걸고 출발했다. 창밖으로 보이는 바다와 호텔, 그 주변의 거리가 어젯밤과는 달라 보였다. 어제의 로마는 원망과 서러움, 불신을 가득 품었던 곳이었는데 지금은 내가 원하던 부두, 크루즈와 가장 가까이 닿아 있는 곳이었다. 출발한 지 10분도 채 되지 않았는데도 정박해 있는 거대한 배들을 휙휙 스쳐지나갔다. 아직 크루즈의 근처도 가지 않았는데 내 가슴이, 심장이 점점 세차게 뛰기 시작했다.

'그래, 오늘부터 나는 바다로 출근한다.'

나의 첫 승선일, 레전드 호의 모습. 바다가 출근길이고, 크루즈가 직장이라니!
그날의 설렘과 두근거림은 아직도 잊을 수가 없다.

바다 위 도시에서 세상을 외치다

SINCE 2009

뱃멀미하는
승무원이라니

도착했다는 인솔자의 말과 동시에 버스가 멈춰 섰다. 버스에서 내리니 그곳에는 인사과 직원들이 승선하는 승무원들을 맞이하고 있었다. 그들은 버스에서 내리는 한 사람, 한 사람과 눈을 맞추며 인사를 하는데 내 눈은 오로지 정박해 있는 크루즈에게 향해 있었다. 크루즈와 처음으로 마주하니 도저히 눈길을 돌릴 수 없었다. 그동안 사진과 동영상으로 수천 번도 넘게 보았지만 막상 그 거대한 존재를 직접 접하니 위축되는 느낌마저 들었다. 서둘러 카메라를 꺼내들고 사진에 담아보려 했지만 화면에는 크루즈의 극히 일부만 들어왔다.

크루즈에서 눈을 떼지 못한 채 연신 감탄만 하고 있는데 F&B 부서에서 오늘 처음 승선하는 승무원들에게 배 안을 소개해주기 위해 왔다고 인사를 건넸다. 우선 마중 나온 직원을 따라 회의실로 가 승선 절차를 마쳤다. 이어 캐빈(선내에서 승무원이 지내는 방) 번호와 열쇠, 유니폼과 생활용품을 받고 물건들을 가득 안은 채로 지나가는 승무원들에게 묻고 물어 겨우 지하 2층에 위치한 캐빈에 도착했다. 하지만 앞으로 지낼 방을 제대로 둘러볼 틈도 없이 다시 약속 장소로 향했다.

엘리베이터를 타고 크루즈의 가장 높은 곳에서 아래로 내려오면서 시설을 둘러보기로 했다. 크루즈의 가장 높은 곳인 11층에 있는 야외 수영장, 뷔페 레스토랑부터 한 층씩 내려오면서 호텔의 프런트 데스크와 같은 역할을 하는 게스트 서비스 데스크, 4층 정도 되는 공간이 뚫려 있는 메인 홀, 면세점, 바, 도서관, PC방, 카지노 등을 둘러보았다. 이 많은 시설이 배 안에 있다니! 크루즈가 떠다니는 호텔이라 불리는 이유를 단번에 알 수 있었다.

나는 구석구석 더 살펴보고 싶었지만 곧 안전교육이 시작될 예정이었고, 오늘 저녁부터 바로 첫 근무를 시작해야 해 시간이 많지 않았다. 근무하게 될 레스토랑의 위치를 다시 한 번 확인하고는 일단 캐빈으로 돌아갔다. 물론 돌아가는 길조차 만만치 않아 몇 차례나 도움을 받아 간신히 도착할 수 있었다.

승무원들의 숙소인 캐빈은 2인 1실로 2층 침대 하나, 작은 책상 하나, 옷장, 샤워실이 딸려 있는 2평 남짓한 작은 공간이었다. 내 캐빈 메이트는 나와 같은 부서에 근무하는 중국인이라고 했는데 이미 출근한 모양이었다. 벽에는 그녀의 사진과 스케줄 표 등이 붙어 있었다. 나는 혹시라도 레스토랑에서 마주친지 모른다는 생각에 사진 속의 얼굴을 유심히 살펴두었다.

승선을 준비하면서 짐은 최소한으로 줄이는 것이 좋다는 조언을 듣긴 했지만, 캐리어 하나에 6개월간 생활할 짐을 넣는다는 건 결코 쉽지 않았다. 그런데 예상했던 것보다 훨씬 더 작은 캐빈을 보니 인형은 왜 갖고 왔고, 운동화는 왜 네 켤레나 챙겨왔는지 꾸역꾸역 담아 온 물건들이 말 그대로 '짐'처럼 느껴졌다.

승선 이후 정신없이 시간을 보낸 터라 느끼지 못했었는데 짐을 풀고 유니폼으로 갈아입으니 내가 크루즈 승무원이 됐다는 것이 비로소 실감 났다. 거울 속 유니폼을 입은 내 모습을 살피고 또 살폈다. 이제 어떤 일들을 만나게 될지 설레는 가슴을 안은 채 캐빈을 나섰다. 출항을 앞둔 시간이라 그런지 배 안의 곳곳은 출근하는 승무원들로 북적거렸다. 각자 다른 유니폼을 입고 있는 그들을 보면서 '저 사람은 어떤 부서에서 일하는 걸까?', '견장에 금줄이 3줄이나 있네!' 여러가지 궁금증이 생겼다. 유니폼을 입고 여기저기 두리번거리는 내 모습에서 영락없이 첫 승선이라는 게 티가 났는지, 지나가는 승무원들이 하나같이 미소를 보이며 인사를 건넸다.

이전에 인턴으로 근무했던 곳들은 대부분 친하지 않으면 말을 하지 않았다. 더구나 선배가 먼저 신입에게 자기소개를 하거나 인사를 건네는 경우는 흔치 않았다. 그래서 선배 승무원들이 먼저 인사를 하는 분위기가 낯설기만 했다. 처음에는 그냥 웃으며 가벼운 목례만 하거나, 모기보다 작은 소리로 대답하며 지나갔지만 시간이 지날 수록 나도 같이 'Hi, How are you!' 하며 미소 짓고 있었다.

첫 출근의 설렘 그리고……

◇◇◇◇◇◇◇◇

교육장에는 그날 승선한 크루즈 내의 모든 승무원들이 모여 있었다. 미국, 호주, 유럽, 중국, 한국, 남아프리카 등 그야말로 전 세계에서 온 사람들이었다. 배가 출항하기 전 승무원들은 응급상황이 발생했을 때 어떤 구역을 담당하게 되는지 배정받고 승객들을 대피시키는 방법과 각자 어떤 역할을 해야 하는지에 대한 실질적인 교육을 받는다. 그리고 첫 승선한 승무원들은 그들만을 위한 별도의 안전교육도 들어야 한다. 이 두 교육은 선내 안전담당 승무원의 주도하에 진행되며, 크루즈에 국한된 것이 아니라 모든 종류의 선박에서 발생할 수 있는 안전사고에 대한 것이다. 이뿐만 아니라 해양보전의 방법 및 해양환경에 관한 교육은 물론 승객들이 부두에서 내려 관광하는 동안에는 구명정을 띄워 응급상황에 대비한 대피 연습까지도 한다.

크루즈에 승선해 근무환경, 시차 등 모든 것을 적응해야 하는 첫날부터 4시간씩 교육이라니 힘겹긴 했지만 안전과 직결된 데다 분위기가 엄숙해 집중할 수 밖에 없었다. 혹시라도 설명을 놓치거나 졸기라도 한다면 바로 지적을 받는다. 또 질문에 답변을 못하고 교육 태도가 성실하지 못하거나, 내용을 제대로 이해하지 못했다고 판단되면 수료증을 받지 못하고 재교육을 받아야 한다. 무엇보다 이 모든 교육이 영어로 진행되는데 잘 모르는 분야인 데다가 어려운 단어들도 많아 집중하기가 더 어려웠다.

첫 안전교육을 마치고 캐빈으로 돌아와 바로 출근 준비를 했다. 승무원들은 승선 첫날부터 바로 업무를 시작한다. 수습기간은 3개월. 그러나 말이 수습이지 정상근무와 다를 바가 없다. 물론 부서마다 다르지만 하우스 키핑(객실의 관리 및 객실 부문에 제공되는 서비스를 관리하는 부서)이나 F&B 부서에서 근무하는 경우에는 선배가 멘토가 되어 교육을 시킨다거나, 이전 직원과 인수인계하는 과정이 없다. 승선과 동시에 바로 실전에 투입되는 것이다. 모든 걸 스스로 묻고, 터득하고, 배워야 한다. 마치 스스로 살아남아야 하는 정글 같았다.

시간이 어떻게 흘러갔는지 모를 하루를 보내고, 캐빈으로 돌아오니 메이트도 방금 퇴근했는지 유니폼을 입은 채 침대에 앉아 텔레비전을 보고 있었다. 왕징王婧이라고 본인을 소개한 메이트는 나보다 3살 많았는데 크루즈에서 일한 지 3년차라고 했다. 첫 출근이 어땠냐는 물음에 왜 일을 가르쳐 주는 선배가 없는지, 쉬는 시간이 왜 그리 짧은지, 유니폼은 왜 이렇게 큰 건지 참았던 말들을 쏟아냈다. 왕징은 그런 반응이 익숙한지 웃으면서 하나하나 설명해 주었다. 그녀도 새벽부터 일어나 근무를 하고 왔으니 피곤할 법도 할 텐데 늦은 시간까지 내게 레스토랑에서의 업무와 순서, 주의해야 할 점, 선내 생활 등을 다정하게 알려주었다. 그리고 혹시나 같은 레스토랑, 같은 구역에서 근무하게 되면 자기를 따라다니라고 하면서 든든한 선배로서의 면모도 보여주었다. 전쟁터에서도 꽃은 핀다더니, 전쟁 같았던 오늘 하루에도 따스한 기운을 지닌 사람을 만나 행운이라는 생각이 들었다. 내일은 또 어떤 일이 펼쳐질지 기대감에 어느새 잠에 빠져들었다.

지옥 같던 일주일

◇◇◇◇◇◇◇◇

레전드 호는 로마에서 출발해, 이집트의 알렉산드리아, 수에즈 운하를 지나, 사파가에 도착하고, 오만의 무스캣을 거쳐 아랍에미레이트의 두바이로 이어지는 14일 간의 일정이었다. 크루즈가 로마에서 출항한 후 2~3일째는 바다를 항해하는 해상일Sea day이었다. 3일째 되는 날, 그날 역시 오전에는 4시간에 걸친 교육을 받고, 오후에 출근해야 했다. 그런데 이상하게도 오전 교육을 받을 때부터 머리가 어지럽기 시작하더니, 오후가 되자 속이 메슥거리고 배가 아파왔다. 화장실을 몇 번이나 들락거리며 구토를 했지만 속은 조금도 편해지지 않았고, 나중엔 설사와 구토가 동시에 오는 사태까지 발생했다. 점심때 먹은 음식이 잘못된 걸까 생각해봤지만 같이 식사한 다른 승무원들이 멀쩡한 걸 보면 음식 문제는 아닌 것 같았다. 아픔을 참아가며 일을 하는데 점점 증상이 심해져 아예 서있지도 못하는 지경에 이르렀다. 더 큰 문제는 음식을 서빙하는 일이다 보니 냄새를 맡거나, 심지어는 보기만 해도 증상이 더 악화되는 것이었다. 이 증상은 바로 '뱃멀미'였다.

크루즈 승무원이 되고자 결심한 순간부터 지금까지 한 번도 고민해본 적도 없는, 걱정거리가 될 거라 생각조차 해본 적 없는 뱃멀미. 그 뱃멀미가 지금 가장 큰 문제가 된 것이다. 더 이상했던 건 이집트로 가는 항로는 파도가 거세지 않았고, 크루즈는 조금도 흔들리지 않았다는 사실이다. 다른 승무원들은 다 멀쩡한데, 나만 다른 세상에 있는 것 같았다. 태풍이 왔다거나, 높은 파도로 인해 배가 많이 흔들렸다면 이해라도 됐을 텐데 말이다. 이토록 평온한 바다가 거센 풍랑이라도 이는 듯 느껴지는 걸 보니 '난 배를 타면 안 되는 사람이었구나. 난 크루즈 승무원이 될 수 없나봐. 이대로 포기해야 하는 걸까?'라는 생각이 들 정도였다. 무엇보다 로마~두바이 노선은 유독 해상일이 많은 일정이었다. 따라서 이 고역의 길을 앞으로 7일 동안 꼬박 버텨야 하는 상황이었다.

선내 메디컬센터나 게스트 서비스 부서에는 멀미약이 상시 구비되어 있었다. 일단 멀미약부터 먹어보았다. 그러나 약을 먹은 이후에도 증상이 나아질 기미가 보이지 않아 멀미 팔찌를 사서 양쪽 팔에 끼우고, 멀미 패치까지 붙여보았다. 하지만 여전히 상황이 나아지지 않아 풋사과를 먹으면 괜찮아진다는 승무원들의 민간요법을 따라해 보았다. 다행히 풋사과의 신맛이 뱃멀미를 조금 낫게 해주는 것 같았다. 하지만 그것도 잠시, 몇 시간 못 가 다시 원래 상태로 돌아왔다. 불행 중 다행으로 사과라도 먹을 수 있어 쓰러지지는 않았지만 그마저도 먹고 토하기를 반복하면서 배가 정박하는 시간만을 기다릴 수밖에 없었다.

나는 매일 출근하듯 메디컬센터를 찾아갔다. 시간이 지나면 괜찮아질 거라고 여겼던 사람들도 점점 야위고, 눈까지 풀리는 내 모습을 보며 생각했던 것보다 상태가 심각하다고 판단해 결국 출근금지 통보를 내렸다. 일은 하지도 못하고 하루 종일 좁은 캐빈 안에 누워만 있어야 했다. 물론 아파서 쉬는 것이고, 의사의 정식 통보를 받은 거지만 조금도 편하지 않았다. 오히려 아파도 참아가며 버텼던 지난 며칠이 마음만큼은 더 편했다. 아프지 않다고 거짓말을 하려고 해도 줄어드는 체중과 힘없는 눈빛 때문에 어쩔 도리가 없었다. 결국 내가 할 수 있는 건 침대에 누운 채 하염없이 우는 것뿐이었다.

이런 상황이 계속된다면 결국 포기하고 하선해야 하는 게 아닌가 하는 고민이 시작되었다. 그러나 이대로 하선하면 스스로 포기하는 것인 만큼 한국으로 돌아가는 비행기 티켓은 내가 구매해야 했다. 돈이 없는 것도 문제지만 이집트나 오만 같은 낯선 나라에 홀로 남겨진다는 사실이 두려웠다. 더구나 글로벌 기업에 입사했다고, 전 세계를 돌아다니는 크루즈 승무원이 되었다고 뿌듯해하던 엄마와 진심으로 응원해주던 친구들이 떠올랐다. 출국한 지 일주일도 채 안 돼 다시 그들을 만날 생각을 하니 너무나 부끄럽고 속상했다.

'어떻게 이곳까지 왔는데, 9개월을 기다리면서도 이곳에서 일하는 순간만 기다렸는데!'

침대에 누워 울다 지쳐 잠이 들고, 다시 일어나 울기를 반복하던 나는 이렇게 시간을 보낼 바에 책이나 읽자 싶어 한 권을 꺼내들었다. 틈이 생기면 읽겠다고 챙겨온 책들 중 한 권이었는데, 무심코 펼쳐든 페이지에서 한 문장이 눈에 들어왔다.

'간절히 원하면 이루어진다. 마음먹은 대로 이루어진다.'

마치 마법의 주문 같기도 한 그 문장이 이상하게도 내 마음에 와닿았다.

'저 정말 크루즈에서 일하고 싶어요. 제발 일할 수 있게 기회를 주세요.'

이렇게 되뇌며 생각을 정리했다.

'그래 나영아, 생각을 바꿔보자. 내가 바다에 있다고 생각하지 말고, 육지에 있다고 생각하자. 멀미를 하고 있다는 것을 잊고, 놀이기구를

타고 있다고 생각해보자.'

바다를 향해 기도하며 다시 마음을 다잡았다. 먼저 파도의 물결이 느껴지는 순간 억지로 중심을 잡겠다고 몸에 힘을 주지 않고, 그 물결 그대로 몸을 맡기면서 좌우로 움직여 보았다. 파도가 오른쪽으로 가는 것 같으면 내 몸도 오른쪽으로, 왼쪽으로 가는 것 같으면 왼쪽으로…… 힘을 빼고 서서히 물결에 몸을 맡기니 조금은 편안해지는 것 같았다.

나는 다시 유니폼을 꺼내 입었다. 그리고 매니저를 찾아가 이제 괜찮아진 것 같으니 다시 일을 시작하겠다고 했다. 매니저는 출근금지 조치가 내려진 직원이 굳이 올라와서 일하겠다고 하니 이해가 안 된다는 듯 쳐다보았다. 대부분 조금이라도 더 쉴 기회를 찾으려고 애쓰는데, 이 작고 마른 동양인 여자는 굳이 일을 하겠다고 우겨대니 의아했던 모양이다.

매니저는 그럼 무리하지 말고 불편하면 언제든지 얘기하라며 가장 좁은 구역으로 배정해주었다. 평소의 나는 걸음이 빠르고 행동이 민첩한 편이지만 그날만큼은 일부러 천천히 걷고, 파도의 물결에 따라 움직였다. 다른 사람들은 아무렇지도 않은데 혼자 마치 파도를 타는 것처럼 몸을 좌우로 흔들며 걷자 몇몇 승객들과 동료들은 내 모습을 보며 웃기도 했다. 그때마다 나는 너스레를 떨며 이렇게 말했다.

"제가 뱃멀미하는 승무원이거든요. 저한테는 마치 태풍이 불어 닥치는 것 같은 기분이에요. 하하."

뱃멀미 하는 승무원이라니. 손님들은 그 대답이 재미있다는 듯 더 크게 웃었다. 그리고 동료들은 멀미로 힘들어하면서도 이겨보겠다며 애쓰는 나를 배려하고 응원해주었다. '천천히 해', '저 테이블은 내가 치울게', '곧 괜찮아질 거야'라는 사람들의 격려와 응원이 계속되자 잘 해야 한다는 부담감이 사라지고, 긴장도 풀리기 시작했다. 그리고 신기하게도 뱃멀미가 점점 괜찮아지는 것이 느껴졌다. 혹시나 싶어 창밖을 바라보니 곡선으로 여기지던 수평선이 직선으로 보였다. 눈앞에 펼쳐진 잔잔한 바다 위에 두둥실 떠있는 것만 같았다. 그렇게 지옥 같던 일주일을 견디고 나니 나를 괴롭히던 바다가 온화한 천국처럼 느껴지는 것이다.

간절히 원하면 이루어진다는 믿음과 이대로 집에 갈 수 없다는 절실한 기도가 바다의 신에게라도 전해진 것일까. 내가 다시 크루즈 승무원으로 돌아갈 수 있게 큰 기회가 주어진 것 같았다.

'바다님, 고맙습니다.'

잊을 수 없는 석양

"나영, 왔구나! 몸은 어때? 괜찮니?"

크루즈에서 나를 딸처럼 대해주던 미국인 부부가 레스토랑에서 일하고 있는 나를 보고는 달려와 인사를 건넸다. 뱃멀미로 고생한 뒤로 핼쑥해진 모습에 꽤 놀란듯 했다.

호텔과 크루즈의 가장 큰 차이점은 한 항차 동안 승객이 바뀌지 않는다는 점이다. 물론 크루즈 안에는 다양한 레스토랑들이 있고 승객들은 어디든 원하는 곳에서 식사를 해도 되는 만큼 크루즈에 머무는 동안 단 한 번도 만나지 못하는 승객들도 있다. 하지만 반대로 같은 손님을 여러 차례 만날 수도 있어 친분을 쌓을 수 있는 기회가 되기도 한다. 식사가 마음에 들어 매일 같은 레스토랑에 오는 승객이라면 하선할 때

쯤에는 친한 친구나 친척처럼 사이가 돈독해지기도 한다.

내가 탔던 레전드 호 안에는 '로미오와 줄리엣'이라는 정찬 레스토랑과 '윈재머'라는 뷔페 레스토랑이 있었다. 첫 크루즈의 첫 항차였던 나는 아무래도 제대로 된 서빙 예절과, 승객과의 대화법, 레스토랑 시스템을 익혀야 했던 만큼 숙련된 서비스가 필요한 정찬 레스토랑이 아닌 뷔페 레스토랑에서 근무했다. 주 업무는 할당된 구역의 테이블을 정리하는 역할이었다. 크루즈에서의 첫 근무를 시작한 날 저녁, 유독 나를 보며 환히 웃으시는 한 부부가 있었다. 마침 그분들 옆자리의 손님이 일어나 테이블을 정리 중인 내게 먼저 말을 걸었다.

"안녕, 반가워요. 어느 나라에서 왔어요?"

"한국에서 왔어요. 아, 북한 말고 대한민국이요."

내가 북한 사람이 아니라는 농담을 하자 크게 웃으며 어떻게 배에서 일하게 되었는지, 배에서 일한 지는 얼마나 되었는지 물었다. 오늘이 배에서 일하는 첫 날이라고 말하자 깜짝 놀라며 지켜보니 체구는 작은데 무거워 보이는 접시들도 능숙하게 다뤄 오늘이 첫날일 거라고는 생각하지 못했다는 것이다. 나는 예상치 못한 칭찬에 어깨가 들썩이고 기분이 좋아졌다.

포근한 인상을 가진 그 부부는 그때부터 내가 그분들 테이블 근처를 지날 때마다 말을 걸고 관심을 보였다. 무엇을 전공했는지, 일은 힘들지 않은지, 로마 구경은 했는지, 이집트에서는 하선을 할 건지 등등 짧은 시간 동안 다양한 대화를 나눴다. 호텔에서는 손님과 이렇게 이야기를 주고받는다는 건 상상도 못할 일이었다. 어쩌다 '오늘 식사는 어떠셨어요? 음식은 입에 맞으셨나요?' 정도의 질문을 건넬 뿐 개인적인 질문은 삼가는 것이 좋다. 그리고 손님들의 식사를 방해한다고 여기기 때문에 긴 대화를 나누는 경우는 거의 없다.

하지만 크루즈는 달랐다. 내가 미국인 부부와 깔깔거리며 대화해도 매니저가 말이 많다고 지적하는 일이 없었다. 오히려 "첫날인데 적응 잘하네요. 손님들과도 금방 친해지고."라며 칭찬을 해주었다. 한국에서의 면접 당시 '크루즈의 레스토랑에서는 손님들과의 공감대 형성이 무척 중요하다'고 했던 면접관의 이야기가 인상 깊었다. 막상 직접 일하며 겪어 보니 그 면접관이 왜 나에게 보조 웨이터라는 포지션이 잘 맞을 것 같다고 했는지 알 수 있을 것 같았다.

둘째 날, 셋째 날에도 미국인 부부는 똑같은 테이블에 앉았고, 전날 다 하지 못한 이야기를 이어갔다. 내가 뱃멀미로 기운을 차리지 못할 때는 식사 도중 객실로 돌아가 멀미약을 챙겨다 주기까지 했다. 짧은 시간이었지만 두 분은 마치 부모님처럼 편안하고 다정하게 대해주었다. 결국 뱃멀미가 더 심해져 출근을 못하게 되자 매니저에게 내가 보이질 않는다며 물었고, 뱃멀미 때문에 쉬는 중이라고 하자 꼭 안부를 전해 달라고 부탁했다고 했다.

그리고 다시 레스토랑에 돌아와 일을 하고 있는 나를 보자 그 부부는 너무 반가워 와락 안아주며 안부를 물었던 것이다.

"나영, 몸은 어때? 괜찮니?"

그 한 마디에 나도 모르게 눈물이 터졌다. 진심 어린 눈으로 걱정해주고 위로해주자 그동안 아픈 걸 견뎌내면서 많이 외로웠다는 걸 깨달은 것이다. 이제 괜찮다고, 걱정해주셔서 감사하다고 인사를 하는 중에도 닭똥 같은 눈물은 멈추지 않았다.

"괜찮아질 거야. 괜찮아질 거야."

내 등을 토닥이며 달래주던 두 분 덕에 엄마의 품속에 있는 것처럼 마음이 한결 편해지고, 가슴이 따뜻해졌다. 다음날에도 그 부부는 마치 예약했다는 듯 같은 테이블에 앉았다. 반갑게 인사를 드리자 손가방 안에서 USB메모리를 꺼냈다.

"우리가 이집트에서 관광하며 찍은 사진들이야. 아파서 배에서 못 내렸을 것 같아 우리가 찍은 사진을 복사해 왔어. 너도 이집트는 처음 이라고, 스핑크스를 보고 싶다고 신나 있었는데 못 가서 얼마나 아쉬 웠겠니. 그래도 넌 앞으로 승무원 생활을 하면서 꼭 다시 갈 기회가 있을 거야. 이번에는 이 사진이 위로가 됐으면 좋겠어. 하지만 역시 크 루즈에서 보는 일출과 일몰이 가장 멋지단다."

그분들은 가슴이 벅차 감사 인사만 계속 하고 있는 나에게 USB메 모리를 쥐어주며 손을 놓지 않았다. 그리고 그분들이 마지막으로 했던 말이 이후 크루즈 승무원이란 직업을 자랑스럽게 여기며 이 직업을 선 택한 것을 단 한 번도 후회한 적이 없도록 만들어주었다. 그 말은 지금 까지도 내가 서비스 분야에 종사하며 자부심을 잃지 않게 해주는 원 동력이 되었다.

"우리가 이렇게 바다에서 멋진 일출과 일몰을 볼 수 있는 건, 너 같 은 승무원들이 열심히 일해주기 때문이야. 나영, 정말 고마워."

돈보다 더 기다려지는 것

◇◇◇◇◇◇◇◇

크루즈 매 항차의 마지막 날, 늘 나를 설레게 만드는 순간이 있었다. 바로 승객들과 마지막 인사를 하는 시간이었다. 레스토랑의 승무원들은 팁 포지션이라 팁이 기본 월급보다 더 많았는데, 선불로 한 항차의 팁을 미리 결제해 직원들이 월급을 받을 때 함께 받도록 하는 경우와 승객이 직접 승무원에게 현금을 건네는 경우가 있다. 팁 문화에 익숙한 서양 승객들은 선불보다 후불을 선호한다. 후불 방식을 선택한 승객들의 특징은 현금으로 팁을 주면서 작은 선물이나, 감사 카드, 편지를 써서 주곤 한다는 것이다. 나는 팁도 감사했지만 작은 선물이나 감사 카드 받는 것이 무척이나 좋았다. 선실의 메모지, 기항지에 나가서 산 엽서나 자신의 명함에 인사를 남겨주기도 하지만 여행을 오기 전에 미리 준비해온 카드에 써서 주는 승객도 있었다.

크루즈의 마지막 날은 그렇게 승객들이 그동안 인상 깊었던 승무원들을 찾아가 감사의 마음을 표현하고, 함께 사진을 찍거나 메일 주소와 SNS를 공유하기도 한다. 그런 승객들 덕분에 크루즈의 마지막 날은 더욱 따뜻했다.

감사하다는 말, 'Thank'의 어원은 신기하게도 '당신이 나를 위해 한 일을 기억하겠습니다'라는 맥락으로 'To Think(생각하다)'에서 왔다고 한다. 상대방이 나를 위해 한 것을 기억하지 않고는 감사하는 마음을 가질 수 없을 것이다. 나는 서비스업에 종사하지만, 직장을 벗어나면 누군가의 고객이 되기도 한다. 그럴 때 나는 그 사람들에게 감사의 마음을 표현한 적이 있었는지 돌이켜보고는 한다. 크루즈 생활 이후

짧게는 며칠, 길게는 한 달씩 크루즈에서 함께 생활하는
승객들은 친한 친구처럼, 때로는 가족처럼 느껴진다.

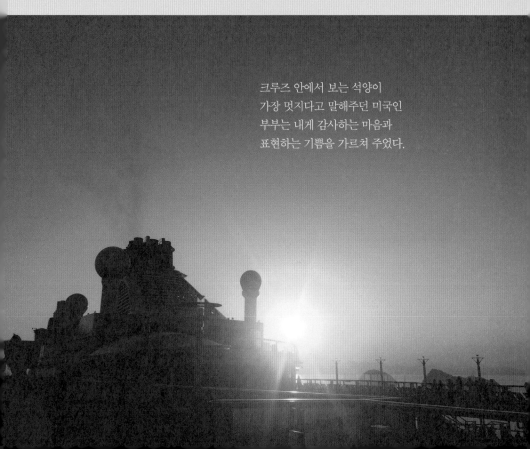

크루즈 안에서 보는 석양이
가장 멋지다고 말해주던 미국인
부부는 내게 감사하는 마음과
표현하는 기쁨을 가르쳐 주었다.

나 역시 누군가의 서비스를 받을 때에는 승객들이 내게 보여준 만큼은 못돼도 감사하다는 말과 함께 따뜻한 미소, 때론 짤막한 메모라도 꼭 남기고 온다.

미국인 부부가 하선 한 두바이에서 나의 두 번째 크루즈 항차가 시작되었다. 새롭게 1,600명의 승객을 태운 크루즈는 이제 인도로 향했다. 두 번째 항차부터는 나도 정찬 레스토랑에서 근무를 시작하게 되었다. 여느 때와 다름없이 머리를 깔끔하게 정리하고 넥타이를 매고 정찬 레스토랑으로 향했다. 새로 맞이할 승객은 어떨지, 어떤 재미있는 일이 펼쳐질지 긴장도 되고 설레었다. 내가 맡은 테이블을 깨끗이 세팅하며 고개를 들어보니 해가 지기 시작하는지 붉은 석양이 바다 위로 펼쳐지고 있었다.

그때 크루즈 안에서 보는 석양이 가장 멋지다고 말해주던 미국인 부부가 생각났다. 감사하는 마음을 갖는 것, 그리고 그 마음을 표현하는 것. 이것이야말로 다양한 사람들이 크루즈라는 세상에서 함께 조화롭게 살아갈 수 있는 이유가 아닐까 하는 생각이 들었다.

SINCE 2009

준비된 사람에게는
모든 것이 필연이다

보조 웨이터로 근무한 지도 3개월째. 막 수습 기간이 지나고 매니저로부터 긍정적인 피드백이 적힌 평가서를 받고 나니 마음이 한결 놓였다. 드디어 정식 승무원이 된 것이다. 누가 수습 기간을 3개월로 정한 것일까? 이 기간은 신기하게도 새로운 곳에 적응하고, 그곳에서의 생활이 나와 맞는지 알 수 있는 마법 같은 시간이다. 크루즈에서 일한 지 3개월에 접어들자 일이 몸에 익은 것은 물론 음식도, 동료들도, 생활패턴도 적응이 되었다. 이제는 마치 한국에 있는 것처럼, 우리 집에서 생활하는 것처럼 모든 게 편안했다.

처음에는 조금 답답했던 작은 캐빈도 시간이 지나고 나니 아늑해졌다. 지하 2층에 위치한 캐빈에서는 파도가 높게 칠 때마다 소리가 크

바다 위 도시에서 세상을 외치다

게 들리는데 처음에는 잠을 자다가 그 소리에 놀라 몇 번을 깼는지 모른다. 하지만 이제는 웬만한 파도소리에는 깨지 않고 숙면을 취한다. 아침잠이 많아 늘 애를 먹었던 기상도 이제는 전쟁이 아니라 평온하다. 이런 변화가 그저 신기하기만 했다. 20년 넘게 '나는 원래 아침잠이 많아', '나는 원래 아침밥을 먹지 않아' '나는 원래 그래'라며 '원래'라는 단어로 자신을 규정지었던 모습에서 벗어나 이곳 크루즈에서는 매일 새로운 나를 만나고 있는 것이다.

여느 날처럼 레스토랑의 마지막 승객이 나간 후 테이블 정리를 하고 있었다. 승객이 빠져나간 레스토랑은 운영 중일 때와는 전혀 다른 모습이 된다. 주방에서 따로 챙겨준 음식들을 테이블로 가져와 동료들과 함께 나눠 먹는다. 또 승객들이 있을 때에는 주로 클래식이나, 재즈 같은 잔잔한 음악을 틀어놓지만 이때만큼은 매니저가 빠른 템포의 클럽음악으로 바꾼다. 그러면 그때부터 우리만의 파티가 시작되는 것이다. 답답했던 넥타이를 풀고, 맛있는 음식을 먹어가며, 음악에 몸을 흔들면서 테이블 정리를 하는 그 시간은 하루 일과 중 가장 자유롭고 즐거운 시간이기도 하다.

반대편 구역의 한 웨이터가 좋은 일이 있었는지 계단을 오르내리면서 냅킨까지 흔들어가며 춤을 춘다. 덕분에 우리도 신이 나 웃음이 떠나질 않았다. 그때 두 줄의 견장을 단 사무관이 레스토랑으로 들어오더니 뚜벅뚜벅 걸어와 내 앞에 멈췄다. 그는 자신의 이름은 제이슨 류^{Jason Liu}이며 게스트 서비스 부서에서 근무하는 사무관이라고 소개했다.

"안녕하세요. 김나영 씨 되시나요?"

당신들의 기준은 사양하겠습니다

"네, 안녕하세요."

내가 대답을 하자 제이슨은 갑자기 면접관처럼 돌변해 중국어로 질문을 쏟아내기 시작했다.

"나영 씨가 중국어를 한다고 들었어요. 한국인이라면서요? 어디서 중국어를 배웠나요? 중국어 쓰기도 가능한가요?"

나는 갑작스런 상황에 당황했지만 일단 그의 질문에 차근차근 중국어로 대답했다. 그러자 그는 흐뭇하게 웃으며 다음날 내 스케줄을 물었다. 그리고는 오후 휴식시간에 자신의 사무실로 올 수 있냐고 물었다. 이 모든 게 너무 순식간에 벌어진 일이라 무슨 일이냐고 묻지도 못하고 그저 알겠다고만 대답했다.

다음날 2시에 나는 게스트 서비스 사무실로 그를 만나러 갔다.

"제이슨을 만나러 왔어요."

그 사무실은 보안카드를 가지고 있어야만 들어갈 수 있는 곳이었다. 견장을 찬 사무관들이 드나드는 것을 볼 때마다 신기하기도, 또 부럽기도 했었던 곳에 들어가게 된 것이다. 사무실에는 전날 만났던 제이슨이 앉아 있었다. 그는 의자를 권하며 어제 왜 나를 찾아왔었는지 차근차근 설명을 해주었다.

"알고 있겠지만 우리 크루즈는 곧 중국에 도착할 예정이에요. 그곳에서 승선하는 승객 대부분은 중국인이고, 주로 한국과 일본을 기항하게 될 거예요. 그리고 한국에서도 아마 몇 백 명의 한국인 승객이 승선을 하게 될지도 몰라요. 그래서 우리가 중국어를 할 수 있는 직원을 본사에 요청했는데 일정이 빠듯하던 참이었거든요. 그러다 우연히 우리에게 필요한 사람이 F&B 부서에서 근무한다는 얘기를 들었는데 게다가 한국인이라는 걸 알게 됐죠. 우리 부서에는 나영씨 같은 사람이 꼭 필요해요. 그래서 말인데, 혹시 우리 부서에서 근무해볼 생각 있나요?"

'지금 이게 무슨 상황이지?'

정신은 없었지만 마지막 이야기만큼은 제대로 알아들을 수 있었다. 나에게 게스트 서비스 부서로 이동할 생각이 있는지 묻는 것 아닌가. 순간 드라마 속 주인공이 된 느낌이었다. 회사에서 열심히 일하던 신입사원이 CEO의 눈에 띄어 하루아침에 승진을 하게 되는 그런 드라마, 내가 바로 그 신입사원이 된 것이다.

게스트 서비스 부서에서 일을 할 수 있는 기회가 주어지다니. 게다가 나의 첫 번째 항해에서, 이제 막 3개월의 수습기간이 지난 시점에 부서 이동의 기회를 얻은 것이다. 게스트 서비스 부서는 승객들과 관련한 거의 모든 것을 담당하는 부서로 이곳에서 일하게 된다면 크루즈의 많은 것들을 더 배우고 경험할 수 있는 정말 좋은 기회였다. 하지만 그토록 좋은 기회임에도 불구하고, 나는 그의 제안에 선뜻 '네'라고 대답할 수 없었다.

보조 웨이터로 3개월간 일하면서 F&B 부서의 근무환경도 좋았고, 일이 익숙해지니 함께 일하는 동료들과 호흡도 잘 맞고 점점 일에 재미를 느끼기 시작할 때였다. 그리고 3개월만 더 근무하면 휴가를 받아 집에 돌아가는데 부서 이동을 하게 되면 처음부터 다시 계약이 시작되고, 3개월이 아닌 6개월을 더 근무해야 집에 돌아갈 수 있기 때문이었다. 물론 크루즈 생활이 좋아지긴 했지만 하선까지 3개월을 앞둔 상황과 6개월을 앞둔 상황은 분명히 달랐다. 나의 휴가를 기다리고 있을 가족과 친구들 생각이 나기도 했다.

하지만 오래 고민할 필요는 없었다. 이번에 놓치면 다시는 이런 기회가 오지 않을 것 같았기 때문이다.

"네, 물론이에요! 기회만 된다면 새로운 부서에서 일해보고 싶습니다."

제이슨은 레스토랑으로 출근하기 전에 다시 한 번 사무실로 들르라고 했다. 캐빈으로 돌아온 나는 두근거리는 마음을 진정시키느라 제대로 숨을 쉬지 못했다. 때마침 근무를 마치고 돌아온 왕징에게 제이슨과 나눈 대화를 들려주니 내 손을 잡고 방방 뛰며 기뻐해주었다. 출근 전, 다시 찾아간 게스트 서비스 사무실에서 제이슨이 반겨주었다. 그리고 자신의 상관이자 게스트 서비스 부서 총괄 매니저인 키스 머피Keith Murphy에게 나를 소개했다. 아일랜드인 키스의 큰 키와 체구 때문에 넉넉해 보였던 사무실이 꽉 차 보였다. 그 역시 환히 웃으며 반갑게 맞아주었다. 나는 마치 오래 알고 지낸 사람들과 함께 있는 듯 편안한 느낌이 들었다.

키스의 책상에는 익숙한 문서가 놓여 있었는데 그것은 바로 내 이력서였다. 그는 미리 이력서를 훑어보았다며, 한국에서 지원할 때 왜 게스트 서비스 부서가 아닌 F&B 부서로 지원을 했냐는 질문과 함께 나의 성격을 설명해보라고 했다.

"처음에 지원할 때는 제가 가진 경력이나 저의 활달한 성격이 F&B 부서와 잘 맞다고 판단해 보조 웨이터로 지원하게 되었습니다. 하지만 게스트 서비스 부서에서 근무할 기회가 주어진다면 꼭 도전해보고 싶습니다. 그리고 제 성격은 누구보다 활발하고 긍정적이며 스스로를 감정적인 사람이라고 생각합니다."

답을 마친 나는 나의 대답이 썩 마음에 들지 않았다. 한창 면접을 준비할 때에는 자주 묻는 질문들을 찾아 답을 적고는, 하루 종일 외우고 또 외웠었다. 누가 갑자기 '우리 회사에 왜 지원을 결심하게 되었나요?'라고 질문을 던지면 1초의 망설임 없이 바로 대답이 튀어나올 정도로 말이다. 하지만 시간도 제법 흘렀고 예고도 없이 면접을 보려니 면접관 앞에서 말을 더듬는 건 물론 앞뒤 문맥도 맞지 않는 엉뚱한 소리만 늘어놓은 것 같았다. 답변을 들은 키스는 '감정적인 사람'이라는 표현이 흥미로웠는지 스트레스를 많이 받는 편인지, 그리고 그것들을 어떻게 관리하는지 물었다.

"저는 감정적인 면을 많이 지녔지만 스스로 조절을 잘하는 편입니다. 그래서 늘 긍정적인 기분을 유지하는 것이 제 장점입니다. 하지만 스트레스를 받을 때 바로바로 제어를 한다는 것은 아직도 어려운 일입니다. 그래서 일할 때에는 최대한 좋은 생각을 하려고 노력하고 근무가 끝나면 술 한 잔 하면서 스트레스를 풉니다. 하하하."

대답을 마치자마자 아차 싶었다. 왜 술을 마시면서 스트레스를 푼다고 했을까! 아무리 글로벌 기업이고, 외국인 매니저라고 해도 술로 스트레스를 푼다는 말은 썩 좋은 대답이 아니라는 생각이 떠오른 것이다. 키스는 내 대답을 듣더니 '흥미롭다'고 했다. 흥미롭다는 표현은 긍정적일 수도, 부정적일 수도 있는 말이었다. 어떤 일이나 사람에게 확신이 없을 때 하는 말이기도 하지 않은가. 그때 내 머릿속에 떠오른 생각은 단 하나뿐이었다.

'아, 망했다!'

하지만 이미 엎질러진 물이었다. 행여나 결과가 좋지 않아도 이런 기회를 만난 것만으로 만족하자고 생각했다. 이번 일을 계기로 열심히 일하면 기회는 주어진다는 것을 알게 되었으니 큰 배움을 얻은 것으로 여기자고 스스로를 다독였다.

그리고 일주일이 지난 후 인사과에서 연락이 왔다. 부서 이동과 관련해 서류 작업이 필요하니 인사과로 방문하라는 메시지였다. 전화를 받고 얼마나 놀랐는지, 2층 침대에 누워 전화를 받다가 바닥으로 떨어질 뻔했다. 전화를 끊고는 바로 인사과 사무실로 달려갔다. 그곳에는 이미 준비된 새 계약서가 나를 기다리고 있었다. 당장 다음날부터 적용되는 계약이었다. 그렇게 나는 게스트 서비스 부서로 새롭게 출근을 하게 되었다.

부서를 옮긴 후 첫 부서 미팅에서 키스는 우리의 면접 일화를 얘기하며 나를 소개했다. 그렇지 않아도 내 대답이 마음에 걸렸던 터라 혹시 좋지 않은 인상을 심었을까봐 걱정이 됐다. 그래서 미팅이 끝나고 그를 찾아가 말했다.

"사실 술 먹고 스트레스를 푼다는 말을 하고 후회했어요. 꼭 술을 먹어야 스트레스가 풀리는 성격은 아니고, 면접 분위기를 조금 더 유쾌하게 하고자 던진 대답이었어요. 혹시나 오해하지 않으셨으면 좋겠습니다."

내 대답에 키스는 호탕하게 웃으며 대답했다.

"나도 스트레스 쌓이면 술 한잔 해요. 난 오히려 솔직해서 좋았는데요? 하하."

다행히 나의 솔직한 대답을 긍정적으로 받아준 덕분에 우리는 이후 부담 없는 술친구가 되었고, 키스는 힘들고 지칠 때 나를 이끌어주는 멘토가 되어주었다.

첫 계약에서 부서를 이동한다는 것, 그것도 보조 웨이터라는 일반 승무원에서 사무관으로 직책이 바뀌는 일은 좀처럼 일어나지 않는다는 것을 아는 사람들은 나를 보고 '운이 참 좋은 사람'이라고 말하곤 했다.

운이 따라준 것은 사실이다. 제이슨이 중국어를 하는 한국인이 있다는 소식을 들은 것도 내게 행운이었을 테고, 면접을 제대로 대처하지 못했음에도 오히려 솔직해서 좋았다고 평가해주는 매니저를 만난 것도 행운이었을 것이다. 그러나 난 세상에 아무런 인과관계 없이 일어

나는 일은 없다고 믿는다. 운이라는 것은 그것을 간절히 바라고, 또 준비된 사람에게 모습을 드러낸다고 생각한다.

사실 나는 크루즈 승무원이 된 이후에도 새로운 것을 배우고 도전할 수 있는 기회를 찾기 위해 계속 노력했다. 쉬는 시간마다 직원용 휴게실, 바Bar, PC방, 도서관 등을 돌아다니며 하우스 키핑, 인사과, 엔터테인먼트 등 다양한 부서에 근무하는 승무원들과도 친하게 지냈고, 그들의 업무에도 관심을 가지고 지식을 넓혀왔다.

크루즈가 곧 중국으로 간다는 것을 알고 캐빈 메이트인 왕징과 일주일에 세 번씩 중국어 회화 연습을 하며 중국인 손님들을 맞을 준비를 했다. 그리고 크루즈 안에서 한국어는 물론 중국어가 필요한 일에는 적극적으로 나서며 한국어와 중국어를 모두 할 수 있다는 사실을 알

렸다. 그렇게 나는 우연을 필연으로 만들기 위한 준비를 하고 있었던 것이다. 그리고 3개월 후 부서 이동이라는 준비된 우연이 찾아왔고 내가 만든 필연으로 기회를 잡을 수 있었다.

세상에
완벽한 것은 없다

똑, 똑, 똑, 똑, 똑

소리가 점점 크게 울리고 빨라진다. 모르는 사람이 들으면 누군가 급한 일이 있어 문을 두드리나보다 하겠지만 다급한 듯 들려오는 그 소리는 바로 나의 구두굽 소리다. 내 급한 성격을 대변하는 빠른 걸음 때문에 유난히 요란하게 들린다. 특히 사람이 적은 이른 오전이나 밤 시간대에는 두 층 위에서도 들릴 정도라고 했다(사실인지는 모르겠지만). 요란한 나의 발자국 소리 덕분에 크루즈 안에서는 그 소리만 들으면 내가 지나가는지 알 수 있을 정도였고, 늘 분주하게 움직이는 성격과 빠른 걸음 탓에 나는 '늘 바쁜 사람She is always busy'이라 불렸다.

실제로 나는 F&B 부서에서 게스트 서비스 부서로 이동한 뒤 눈코 뜰 새 없이 바쁜 시간을 보내고 있었다. '이전 부서에서도 생각보다 빨리 적응했는데 여기서도 괜찮겠지'라고 안일하게 생각했던 것에 대한 벌이었을까. 게스트 서비스 부서의 업무는 내가 예상했던 것과 완전히 달랐다. 승객의 예약 상황부터, 크루즈 내에서의 소비 현황까지 승객에 관한 모든 것을 파악할 수 있는 시스템을 익히고 다루는 일은 물론 승객들의 선내 규율도 익히고, 기항지 프로그램에 대한 충분한 지식 또한 지녀야 한다. 그 외에도 승하선 업무, 비자 및 출입국 관련 업무, 환전 업무, 승객의 불편과 불만 해결, 강도 높은 안전훈련, 정기적으로 업데이트되는 고객 서비스 프로그램 숙지까지……. 식사와 오락, 그리고 배를 운항하는 일을 제외한 모든 일은 게스트 서비스 부서가 처리하는 것만 같았다. 무엇보다 다 배웠다고 생각하면 또 새로운 일이 생겨났다.

그러나 업무는 시간이 지나면 익숙해지기 마련이고 문제가 생기면 누구를 통해서, 어떻게 해결해야 하는지만 숙지하면 해결되는 문제였다. 가장 어려웠던 건 승객의 고충을 직접 듣고 해결하는 일이었다. 레스토랑에서 근무할 때만 해도 가장 자신 있는 일이 바로 승객과 대화하고, 교류하는 일이었는데 이제는 그 일이 가장 어려워진 것이다. 게스트 서비스 부서에서 발생하는 승객과의 교류는 그동안 레스토랑에서 해왔던 것과는 전혀 다른 성격을 지녔기 때문이다. 식사를 하는 승객의 대부분은 간단한 대화만 나누고는 맛있는 음식과 술에 집중한다. 따라서 레스토랑에서 근무하는 동안은 승객들과 크루즈 안에서 무엇이 불편한지 이야기를 나눠 본 일이 없었다. 내가 만난 승객들은 늘 환한 미소와 웃음으로 여행지에서 여유롭게 시간을 즐기는 모습뿐이었다.

그러나 새 부서로 출근한 첫날, 게스트 서비스 데스크 앞에 늘어선 긴 줄을 보며 입을 다물지 못했다. 크루즈 시설이나 기항지 프로그램에 대한 문의, 선내에서 사용할 신용카드 등록, 환전 등 간단한 사안을 해결하기 위해 오는 승객부터 객실을 바꿔달라거나 언어 사용에 대한 불편을 제기하는 승객까지……. 그야말로 다양한 민원 사항을 지닌 승객들이 끝없이 줄을 서 있었던 것이다.

궁금증에 대한 것은 답변을 하거나 관련 부서를 연결해 해결할 수 있었다. 하지만 가끔씩 찾아오는 해결 불가능한 문제는 도저히 감당할 수 없었다. 가령 한 손님은 본인이 내측실(바다가 보이지 않는 객실)로 예약을 했고, 그 객실에 대한 공지를 듣고 승선했으며 예전에도 같은 타입의 객실에 묵은 적이 있었음에도 불구하고 끝도 없이 자잘한 문제점을 들고 찾아와서는 방을 바꿔달라고 요구하곤 했다.

지금까지 아르바이트를 포함해 서비스직에 종사했던 기간 동안 마음에서 우러나지 않는 서비스를 한 적은 없었다. 그러나 가끔씩 만나게 되는 이해하기 힘든 승객들은 승무원들이 회의감을 갖게 할 정도였다. 나중에는 레스토랑에서 만났던 친절했던 승객들도 이곳에서는 다른 사람이 되는 건 아닐까 하는 생각이 들었다.

거기에 나의 급한 성격도 한몫했다. 레스토랑에서는 그런 성격이 문제가 되지 않았다. 승객들의 요구 사항이 금세 알아차리고 빨리 해결할 수 있는 것들이었기 때문이다. 하지만 새로운 부서에서는 긴 줄을 접하면 마음이 급하고 불안해져 '어떡하든 저 줄을 빨리 줄여야한다'는 생각뿐이었고, 승객의 고충을 제대로 해결하지 못하면 쉬는 시간에도 결코 편안하지 않았다. 일을 마치고 캐빈으로 돌아와서는 메이트에게 그날 있었던 이야기를 늘어놓으며 해결하지 못한 일에 대해 자책하고, 때로는 무례한 승객들을 원망하며 하루 일과를 마무리하기 일쑤였다. 그러던 어느날 결국 매니저 키스가 나를 호출했다.

"나영, 요즘 고민 있니? 기분 나쁜 일이라도 있는 거야?"

"아뇨……. 그런 일 없는데요. 무슨 일로 그러세요?"

"요즘 네 표정이 안 좋아보여서. 잘 웃지도 않고 어딘가 피곤해 보이기도 하고 말이야."

그 말을 듣는 순간 참아왔던 눈물이 터져 나왔다. 그때 나는 부서를 옮긴 것을 다소 후회하고 있었다. 옮긴 지 얼마 지나지 않은 시점이라 아무에게도 말하지 못했다. 행여나 사무관으로 일할 기회까지 주었는데 배부른 소리라고 할까봐, 며칠 되지도 않았는데 벌써부터 나약한 모습을 보인다고 할까봐 입 밖으로는 꺼내지도 못하고 가슴속에 품고만 있었다. 무엇보다 돈을 다루는 일, 그것도 원화가 아닌 달러를 다루는 일은 내게 큰 스트레스였다. 근무를 마치고 돈을 정리할 때 잘못 계산을 한 건지 종종 금액이 부족해 누구에게 말도 못하고 사비로 몰래 채워 넣은 적도 한두 번이 아니었다. 승객의 컴플레인에 제대로 대처하지 못해 '너랑은 얘기 안 한다'는 면박에 자존심이 상한 적도 많았다. 그러던 차에 때마침 나를 찾아 안부를 묻는 키스 때문에 눈물이 터졌고, 한참 울고 나서야 그에게 말을 했다.

"생각보다 일이 힘들어요. 일이 많은 건 참을 수 있는데, 내가 일을 못하는 건 참을 수가 없어요. 어떻게든 혼자 해결하려니 실수만 하고, 승객의 컴플레인 처리하는 것도 너무 어렵고, 잘하고 싶은데 맘처럼 안 되니까 스트레스만 쌓여요. 웃어보려고 해도 억지웃음이라 그것도

당신들의 기준은 사양하겠습니다

마음에 안 들고요. 그냥 다 엉망인 것 같아요."

앞뒤가 맞건 안 맞건 신경 쓰지 않고, 그동안 마음에 쌓였던 말들을 두서없이 쏟아놓고 나니 한결 후련해졌다. 키스가 그런 나를 보며 웃으며 말했다.

"스트레스 받으면 술 마시고 잘 푼다고 하지 않았었나?"

그 갑작스러운 물음에 나도 모르게 웃음이 터졌다. 그러자 키스가 말했다.

"그건 네가 너무 일을 심각하게 생각해서 그래. 세상에 완벽한 건 없거든. 실수해도 되고, 완벽하지 않아도 돼. 잘하려고 생각하지 말고, 그냥 하고 싶은 만큼, 할 수 있는 만큼만 하면 돼."

그는 한마디로 내가 처한 모든 상황을 정리해주었다.

"쉬엄쉬엄 해. Take it easy."

일반적으로 요가를 잘 하려면 유연성과 근력이 중요하다고 생각한다. 하지만 실제로 요가를 해보면 유연성, 근력보다도 중요한 것이 바로 '호흡'과 '집중력'이다. 천천히 길게 코로 공기를 마시고 그 공기를 흉곽에 모아 다시 길게 내뱉으며 온몸에 퍼지는 호흡. 요가에서는 그 호흡이 따라오지 않으면 몸이 긴장하고, 동작의 흐름이 끊어지기도 한다. 그리고 무엇보다 중요한 것은 바로 자신에게 집중하는 것이다. 상대방이 취하는 동작이 나는 되지 않을 때 조급함이 생기며, 더욱 상대를 의식하게 된다. 그러나 나에게 집중을 하다 보면 온전히 몸의 변화를 느낄 수 있고, 내 몸이 하고자 하는 말을 들을 수 있다.

일도 마찬가지인 것 같다. 잘하려고 하는 생각만 하면 몸도, 마음도 긴장하고 경직돼 유연한 사고를 할 수가 없다. 일을 함에 있어서도 요가의 호흡처럼 천천히 상황을 받아들이고, 이해하며 마시고 내뱉는 과정이 필요하다. 그리고 잘하지 못하더라도 서두르지 않고 나에게 집중하면서 내가 할 수 있는 최선을 다하는 것, 그리고 같은 상황이 생겼을 때 지난번보다 조금은 발전된 모습을 찾는 것. 그렇게 나만의 속도를 느끼고 찾아가는 것이 필요하다.

평소와 다름없이 게스트 서비스 데스크 앞에 길게 늘어선 승객들의 줄을 보며 속으로 되새긴다. 걸음은 예전보다 훨씬 가벼워졌다. 오늘은 어제보다 더 편안하고 여유롭다고 느낀다. 물론 내일은 오늘보다 여유로울 것이다. 이전보다 한층 편안해진 얼굴로 내가 담당하는 데스크로 다가가 다음 승객을 부른다.

"다음 분! Next guest!"

행복한 기억을 파는
크루즈

크루즈에서 만난 한 한국인 승객이 내게 물었다.

"나영 씨는 크루즈에서 일하는 게 왜 좋아요?"

난 그 질문에 바로 대답할 수가 없었다. 이유가 없어서가 아니라 이유가 너무 많아 무엇부터 말해야 할지 몰랐기 때문이다. 크루즈 승무원이 되고 난 후 뱃멀미로 고생한 며칠을 제외하곤 승무원이 된 것을 후회한 적이 없었다. 나에겐 완벽한 직업이었고, 할 수만 있다면 크루즈에서 할머니가 될 때까지 일하고 싶다고 생각할 정도였다. 크루즈가 왜 좋은지 묻는 질문에 나는 그냥 "크루즈라서요."라고 대답했고, 그 승객은 싱겁다는 표정을 지었지만 사실 그 대답에는 모든 것이 포함되어 있었다.

크루즈에서 일하는 것이 좋은 이유를 구체적으로 말하자면 세계를 여행할 수 있어 좋고, 다양한 사람을 만날 수 있어 좋고, 일도 재미있고, 자기계발을 할 수 있는 기회가 많아 좋고, 일은 많지만 스트레스가 적어서 좋다. 그리고 맛있는 음식으로 가득한 직원 식당도 좋고, 케이크를 매일 먹을 수 있어서 좋다. 이처럼 크고 작은 여러 가지 이유를 들 수 있지만 그래도 단 한 가지 이유를 고르라면 나는 여전히 "크루즈라서 좋아요."라고 대답할 것 같다.

크루즈를 직접 타보지 않고 사진이나 동영상으로만 접한 사람들은 크루즈를 바다 위의 호텔이라고 표현한다. 하지만 크루즈는 사실 호텔보다는 리조트에 가깝다. 리조트 중에서도 숙박과 식사, 대형 워터파크 같은 스포츠 시설부터 장비 대여와 강습 등을 모두 무료로 즐기는 '클럽 메드Club Med'나 'PIC Pacific Islands Club' 같은 일체형 리조트와 유사하다고 보면 된다. 크루즈 역시 모든 숙박 일정에 식사가 포함되어 있고, 수영장, 공연장, 아이스링크장, 워터파크, 범버카, 오락실 등 선내에 다양한 시설이 마련되어 있다. 그리고 스포츠 활동뿐만 아니라, 엔터테인먼트 스태프들이 다양한 프로그램을 만들어 승객들과 함께 즐길 수 있는 활동을 제공한다.

한 곳에서 모든 서비스를 제공받을 수 있다는 점에서 크루즈와 리조트는 많이 닮았다. 그런데 고객들이 개인적인 스케줄에 맞춰 즐기고 돌아가는 리조트와는 달리 크루즈는 적게는 1,500명에서 최대 5,000명의 승객이 같은 날에 승선해 짧게는 5일, 길게는 한 달간 함께 배안에서 생활하고 같은 날에 하선을 한다. 그러다 보니 자신의 동반자뿐만 아니라, 다양한 나라에서 온 여행자들과도 함께 생활하게 된다. 그래서 마치 거대한 커뮤니티와 같이 크루즈만의 독특한 문화를 형성한다. 그런 점에서 크루즈는 호텔보다 바다 위의 '도시'에 더 가깝다고 생각한다. 크루즈에 근무하는 동안 나는 직장이 아니라 크루즈라는 도시에서 생활하는 시민 중 하나인 것이다. 한국인인 나에게 "한국이 왜 좋아요?"라고 물으면 내 정체성을 만들어주고, 문화와 언어를 공유한 나의 모국이기에, "한국이니까요."라고 말할 수밖에 없는 것과 같은 이치다. 나에게 크루즈는 단순한 선박이 아니며 직장이자, 여행지, 그리고 내 삶과 꿈이 있는 도시, 내 가치관과 라이프스타일을 실현할 수 있는 곳 그 자체이기 때문이다.

나에게 크루즈는 그런 곳이었기에 '나의 크루즈'라는 주인의식이 생기고 이곳에서의 직업적 책임감도 커져갔다. 그리고 내가 이렇게 좋아하는 크루즈에서 많은 사람들이 행복했으면 좋겠다는 생각을 가졌다. 이런 나의 마음을 공고히 해준 하나의 계기가 있었다.

뜻밖의 위기 상황

◇◇◇◇◇◇◇◇

당시 나는 그룹&이벤트 코디네이터로 크루즈 안의 그룹 승객들과 이벤트를 담당하는 포지션으로 근무 중이었다. 중국 여행사와 기업들을 중점적으로 담당하던 때에 처음으로 호주 승객들로 이뤄진 소규모 그룹을 맡게 되었다. 그들은 적게는 5회에서 많게는 20회 이상의 크루즈 여행 경험을 가진 베테랑들로, 작은 프라이빗 칵테일파티를 원한다고 말했다.

그런데 문제가 생겼다. 원래 그들이 예약했던 시간에 라운지를 대여할 수 없게 된 것이다. 게다가 미주, 유럽 노선과는 달리 아시아 노선에서는 프라이빗 칵테일파티가 흔치 않아 호주 승객들이 요구하는 메뉴 중에 제공되지 않는 것들이 있었다. 그리고 이런 사항들은 이미 예약에 반영되어 있었던 부분이지만 전달 과정의 작은 착오로 인해 차질이 생긴 것이다. 호주 승객들은 이로 인해 승선 당시부터 불만을 표시했다.

때문에 나는 무슨 수를 써서라도 이 이벤트를 성공시켜야만 했다. 그리고 호주 승객들의 마음을 꼭 풀어주고 싶었다. 크루즈에서 안 좋은 기억을 갖고 돌아가게 하고 싶지 않았다. 나는 크루즈 내 프로그램 일정을 담당하는 담당자를 찾아가 어렵게 설득해 호주 승객이 원하는 시간대와 가까운 때에 라운지를 사용할 수 있게끔 허가를 받아내고, F&B 부서 매니저에게 사정해 제공할 수 있는 범위에서 최고급 메뉴로 준비할 수 있었다.

어렵게 준비된 칵테일파티가 진행되고 있을 때였다. 프라이빗 이벤트라 참가자들 외에는 출입이 제한되는데, 낯선 사람이 라운지의 테이블에 앉아 있었다. 방금까지도 영문을 모르고 들어온 중국인 승객이 있었던 터라 그런 경우 중 하나일 거라고 생각했다. 그래서 그 승객에게 다가가 출입제한에 대한 안내를 했다. 그런데 승객인 줄 알았던 그 사람의 허리춤에 직원 명찰이 달려있는 게 아닌가. 알고 보니 그는 미국 마이애미 본사에서 크루즈 상품 기획과 세일즈를 담당하는 디렉터였고, 레전드 호로 출장을 왔다고 했다. 그렇게 그분과 이야기를 나누게 되었다. 그는 15년 간 근무하며 세일즈는 많이 해봤지만 직접 아시아 운항 크루즈를 타보는 것은 처음이라며 수줍게 웃었다.

나는 대화를 나누다가 궁금한 점에 대해 이것저것 물었다. 크루즈 상품을 판매할 때는 주로 어떤 부분을 염두에 두는지, 어떻게 승객이 원하는 상품을 정확히 추천할 수 있는지 등 승객을 더 만족시킬 수 있는 방법에 대한 질문이었다. 처음 맡아 진행한 프라이빗 파티였던 터라 아직 부족한 부분이 많았고 호주 승객들에게 불편을 끼친 게 계속 마음에 걸렸던 참이었다. 상품 판매 디렉터와 이벤트 코디네이터라는 두 역할이 하는 일은 다르지만 승객을 직접 상대한다는 점, 승객이 원하는 바를 파악해 충족시켜준다는 점에 있어 나의 부족한 부분을 채워줄 답을 얻을 수 있을 거라 생각했다. 내 질문에 그는 잠시의 망설임도 없이 웃으며 대답했다.

"우리는 크루즈 상품을 파는 게 아니라, 행복한 기억을 파는 거예요. 승객들은 이곳에서 행복한 기억을 사는 거고요."

행복한 기억을 판다니! 정말 신선한 사고의 전환이었다.

"승객들이 이곳 크루즈에서 지내는 모든 시간이 행복할 수는 없어요. 우리의 잘못일 수도 있고, 우리의 잘못 때문이 아닐 수도 있어요. 기억에도 행복한 기억과 그렇지 않은 것이 있지만 모든 것이 그들의 경험이 되는 거죠. 우리가 할 수 있는 건 어떻게 하면 승객들이 행복한 기억을 최대한 많이 사갈 수 있을지 고민해보는 것 밖에 없어요. 그리고 단 하나라도 사서 돌아간다면 그걸로 된 거예요. 시간이 지나 그 기억이 생각날 때, 그때 승객은 다시 우리를 찾아올 거예요."

구체적으로 당시에 내가 처한 상황을 설명하지는 않았지만, 그의 대답은 신기하게도 고민을 해결해주었다. 그리고 내가 앞으로 해야 할 일들이 머릿속에 떠오르기 시작했다. 그의 조언에 감사하다는 인사를 하고 마음을 다 잡았다. '호주 승객들에게 내가 할 수 있는 한 최대한 많은 행복한 기억을 팔아보자'고 말이다.

칵테일파티를 마치고 사무실로 돌아가 선장님께 장문의 이메일을 썼다. 호주 승객들의 불편, 불만들을 간략하게 설명하고 어렵겠지만 선장님이 그 승객들을 직접 초대해줄 수 있냐는 부탁을 드렸다. 메일을 보낸 지 30분도 되지 않아 선장님은 흔쾌히 부탁을 수락했다.

호주 승객들을 모시고 선장님과의 만남에 참석했다. 커피와 차를 마시며 담소도 나누고 즐거운 시간을 보내는 그들의 얼굴에서 여유로움과 미소를 보니 그제야 마음이 놓였다. 잔뜩 긴장한 내 얼굴이 조금씩 펴지는 것을 본 선장님이 다가와서는 "걱정하지 마. 다 잘 될 거야."라며 어깨를 토닥여주었다. 한 시간 정도 시간을 보낸 후 승객들과 함께 떠나려는데 선장님이 갑작스러운 제안을 했다.

"괜찮으시다면 여러분을 저녁식사에 초대하고 싶습니다."

승객들은 감동했고, 그날 저녁 정찬 레스토랑에서 가장 큰 선장님의 테이블에서 함께 식사를 즐겼다. 화기애애한 시간이 눈 깜짝할 사이에 지나가고 승객들의 웃음소리로 가득한 그곳에서 '내가 지금 저분들에게 행복한 기억을 팔았고, 저분들은 그 기억을 사주었구나'하는 생각이 들었다.

호주 승객들이 하선하기 바로 전날, 선장님과 함께 찍은 사진을 인화해 손편지와 함께 객실로 전달했다. 준비가 부족해 불편함을 드렸던

점을 사과하고 칵테일파티를 주최하는 것이 처음이라 실수투성이었던 나를 이해해주어 고맙다는 말도 전했다. 모든 것이 다 완벽하지는 않았지만, 행복한 기억을 가지고 돌아가셨으면 좋겠다는 인사도 덧붙였다. 마음 속 불편함이 녹아 없어지는 느낌이 들었다.

다음날 모든 승객들은 하선을 했고, 호주 승객들과도 마지막으로 인사를 나누고 싶었지만 다른 그룹들을 살피느라 미처 그분들을 만나지 못했다. 모든 하선 절차가 끝났다는 안내방송을 듣고 자리로 돌아와 다음 항차를 준비하려는데 동료가 다가와 편지 한통을 건네주었다.

"나영, 손님이 너에게 전해주라고 했어."

봉투에 적힌 'To Nayoung'이라는 글씨를 보자마자 호주 승객이 남기고 간 거란 걸 단번에 알 수 있었다. 열어 보니 안에는 적지 않은 현금과 함께 손편지가 들어있었다.

승객들에게 행복한 기억을 팔다보면 값으로 매기지 못할 추억과 멋진 선물을 받기도 한다.

바다 위 도시에서 세상을 외치다

'나영, 모든 것이 고마웠어. 이번 크루즈 여행을 잊지 못할 거야. 고마워. 넌 최고의 승무원이야!'

기분이 얼마나 좋은지 당장 하늘이라도 날아오를 것 같았다. 최고의 선물을 받았던 그 날은 나에게도 행복한 기억으로 남았다.

온전히
나를 위한 시간

매주 수요일 저녁마다 내가 찾아가는 곳이 있었다. 바로 이자벨Isabel
의 캐빈이다. 이자벨은 '파이낸셜 컨트롤러Financial Controller'로 크루즈 내
의 모든 재무와 재정을 담당하는 책임자이자, 나의 절친이기도 했다.
그녀와 친해진 계기는 다름 아닌 내가 잘 웃는다는 이유에서였다. 이
자벨은 나를 볼 때마다 웃는 모습이 참 예쁘다며 칭찬을 해주곤 했는
데, 나는 그녀의 칭찬을 들을 때마다 더 활짝 웃었다.

업무가 쌓여 늦은 시간까지 일을 하거나, 까다로운 일을 맡아 잘 풀
리지 않을 때면 꼭 이자벨을 찾았다. 그녀와 이야기를 나누다 보면 신
기하게도 답답했던 마음이 풀리고, 긍정적인 기운이 솟아났기 때문이
다. 그녀의 에너지는 라틴계 특유의 긍정적이고 낙천적인 성격 때문일

까, 아니면 오랜 시간 세계를 여행하며 다양한 문화를 접해 시야가 넓어진 덕분일까. 이자벨의 밝은 기운은 나에게 힘이 되었고 그녀를 알면 알수록 더 가까워지고 싶었다.

어느 날 이자벨이 퇴근 후 와인 한잔 같이 하자며 자신의 방으로 초대했다. 흔쾌히 그녀의 초대에 응한 나는 이자벨의 캐빈에 처음 방문하게 되었다. 캐빈 문을 열자마자 엄마의 품속에 들어온 듯 느껴지는 따스함과 편안함은 처음 만났을 당시 이자벨의 느낌과 많이 닮아 있었다. 아무것도 하지 않고 그녀의 방 안에 앉아만 있어도 마음이 치유되는 느낌이었다.

"이자벨, 너는 기분이 언짢을 때 어떻게 기분전환을 하니?"

그녀는 늘 힘이 넘쳤고, 유쾌한 기운이 뿜어져 나왔다. 그녀를 알고 지낸 몇 개월간 한 번도 그녀의 우울하거나 어두운 모습을 본 적이 없었다. 이자벨은 의미심장한 미소를 지으며 책상 위에 널브러진 색연필 몇 자루와 종이를 내게 건네주었다. 종이에는 그림이 그려져 있었는데, 꽃 모양 같기도 하고 카펫의 문양 같기도 했다. 그녀는 원하는 대로 색칠을 해보라고 하더니 자리를 떴다. 갑자기 낯선 그림에 색칠을 하라며 혼자 남겨두다니…… 조금 어색했지만 마음 가는 대로 색을 칠해보았다. 시간이 얼마나 지났을까 돌아온 이자벨이 너무 늦은 거 아니냐고 물어와 고개를 들어 시계를 보니 벌써 새벽 1시가 다 돼가고 있었다. 시간이 어떻게 갔는지 모를 만큼 색칠에 빠져 있던 게 신기했다.

이자벨은 일을 마치고 나면 꼭 자기만의 시간을 갖는다고 했다. 명상을 할 때도 있고, 좋아하는 영화를 반복해서 볼 때도 있고, 음악을 틀어놓고 혼자 살사를 추기도 한다는 것이다. 또 이렇게 색칠을 하는 등 반드시 하루 30분 정도 시간을 보내는데, 그 시간을 통해 자신을 들여다보고 밝은 기운을 만든다고 했다. 30분이라는 시간이 짧아 보일 수도 있지만, 이 시간이 없었더라면 15년간 크루즈에서 근무하기 힘들테고, 지금의 밝고 행복한 이자벨도 없었지 모른다.

때로는 휴식이 필요해

◇◇◇◇◇◇◇

직장과 집이 분리되어 있지 않은 크루즈와 일반 직장의 가장 큰 차이점은 쉬는 날이 따로 없다는 것이다. 크루즈를 한번 타면 짧게는 10주에서 길게는 6개월 정도 바다 위 생활을 하게 되는데 이 기간 동안에는 휴식시간은 있지만, 24시간을 온전히 쉬는 휴무일이 없다. 매일이 근무일인 것이다.

하루도 쉬지 않고 일을 한다고 하면 대부분 '어떻게 사람이 쉬지 않고 일을 해!'라는 반응을 보인다. 그러나 실제로 크루즈 생활을 해보면 생각보다 힘들지 않고, 적응한 후에는 오히려 근무시간에 연연하지 않게 된다. 크루즈에서는 모든 승무원들의 근무시간이 시스템에 매일 기록되고, 이를 매니저가 모니터링한다. 이 과정을 통해 평균 근무시간을 초과하는 날이 계속되거나, 휴식시간이 충분히 보장되지 않으면 매니저는 직원에게 휴식시간을 줘야만 한다.

그리고 가끔 비공식적인 휴무도 있다. 승객들 혹은 동료들로부터 우수한 평가를 받으면 부서의 매니저는 그것들을 기록해두었다가 월말이

나 분기별로 한 명을 선정해 VIC카드를 부상으로 준다. '아주 중요한 승무원Very Important Crew'이라는 뜻을 지닌 이 카드를 받게 되면 하루 휴가, 한 항차 승객 객실 사용, 면세점 할인 쿠폰 등 여러 가지 혜택 중에서 한 가지를 선택할 수 있다.

일반적인 직장은 야근이 잦더라도 퇴근 후 친한 친구를 만나 술 한 잔 하며 수다를 떨 수도 있고, 나를 위한 시간을 보내며 충전할 수 있을 것이다. 하지만 크루즈에서는 퇴근 후 만나는 사람도 직장동료들이며, 좁은 캐빈을 메이트와 함께 사용하다 보니 혼자만의 시간을 갖는다는 것이 쉽지 않다. 따라서 6개월, 때로는 그 이상의 장기간 근무를 해야 하는 크루즈 승무원에게 자기관리를 위한 나만의 시간을 만들고 활용하는 것은 중요할 수밖에 없다.

크루즈 안에는 농구장, 탁구대, 피트니스 센터와 같은 승무원 전용 운동시설이 갖추어져 있다. 이런 시설 말고도 부두에 정박해 있거나 배에 남은 승객이 많지 않은 경우에는 승객 피트니스 센터, 수영장, 조깅 트랙 등의 시설을 사용할 수 있게끔 해준다. 이외에도 승무원들의 공간에는 도서관, 보드게임 룸 등이 갖추어져 있고, 무료로 영화 DVD를 빌려주기도 하며, 배가 정박해 있는 동안에는 자전거를 대여해 외부에서 기분전환을 할 수도 있다.

그밖에 인사과에서는 매달 직원들을 위해 빙고게임, 무비 나이트, 파티 등 다양한 프로그램들을 기획하며, 직원들의 식사 메뉴에도 각국의 요리를 제공하고 테마 요리 파티를 열기도 한다. 이처럼 회사와 인사과에서는 다양한 방법으로 승무원들이 충분히 휴식을 취할 수 있는 공간과 시간을 만들어 주기 위해 애쓰고 있다. 그러나 아무리 좋은 시설이 있어도 운동을 하지 않으면 효과가 없듯이, 시간이 주어져도 제대로 활용하지 못한다면 의미 없이 지나갈 뿐이다. 주어진 이 시간만큼은 온전히 나만을 위한 시간, 내가 회복되는 시간, 행복해지는 시간, 더 나은 나를 만들기 위한 시간이어야 한다.

SINCE 2009

'아니오'라고 말할 수 있는 것도 능력이다

새로운 '보딩 데이Boarding Day'가 시작되었다. 보딩 데이는 크루즈에서는 무엇보다 중요한 날이다. 이전 항차의 승객들이 모두 하선하고, 새로운 승객들이 승선하는 이 날은 마치 민족 대이동의 현장과 다름없다. 우리는 짧은 시간 내에 수천 개의 객실을 청소하고 단장하며, 새로운 승객을 맞이할 준비를 한다. 게스트 서비스 부서의 승무원들은 이전 항차의 기록들을 정리하느라 바쁜 시간을 보내고, 마무리가 끝나기 무섭게 새로 승선할 승객들의 체크인을 준비한다. 그래서 보딩 데이는 전 직원들이 가장 바쁜 날이자, 긴장되는 날일 수밖에 없다. 그래서 나에게도 보딩 데이는 어느 때보다 정신없는 날이다.

나의 기본 역할은 승객들의 하선을 담당하는 것이었다. 크루즈에서 하선은 보통 이른 오전부터 시작되는데, 하선 담당자인 나는 그보다 한두 시간 전부터 모든 준비를 끝내놔야만 했다. 아침잠이 많은 내게 보딩 데이는 다른 날보다 특히 더 힘들었다. 새벽부터 일어나 승객들의 하선 장소로 가 안내문, 출입구 등에 이상이 없는지를 살펴야 했다. 또 스태프들에게 그날의 하선 절차 및 주의사항에 관해 브리핑을 해주고 나면 승객들의 하선이 본격적으로 시작되었다. 2~3시간 가량 소요되는 하선 시간 동안 출입국 관리자, 세관 직원들을 포함한 모두는 초긴장 상태로 근무를 해야 한다. 마지막으로 무전기를 통해 모든 승객이 하선했다는 연락을 받고 나서야 겨우 한숨을 돌릴 수 있었다.

하지만 내 업무는 그때부터 진짜 시작이었다. 서둘러 사무실로 돌아가 서류 작업을 마치고 바로 인쇄실로 이동했다. 크루즈 안에 인쇄실이 있다고 하면 의아해하는 사람들이 많다. 크루즈는 워낙 많은 사람들이 장시간 생활하는 곳인 만큼 전단지, 안내문, 소책자 등의 다양한 인쇄물들이 필요한데 그걸 내부에서 직접 디자인하고 인쇄까지 하는 것이다. 그 중에서 내가 참여하는 건 인쇄물 중에서도 가장 중요한《크루즈 컴퍼스Cruise Compass》였다. 매일 발행되는 컴퍼스는 공연, 문화 활동 프로그램, 레스토랑 영업시간, 쇼핑 가이드 등 크루즈의 모든 활동들을 담고 있는 일종의 선상 신문이다. 크루즈의 기본 언어인 영어를 위한 통역과 번역 담당자는 따로 근무하고 있었다. 그런데 내가 근무하던 레전드 호는 승객의 비중이 큰 중국인과 매 항차마다 승선하는 200명 정도의 한국인들을 위한 번역과 통역 담당자가 따로 없어 내가 한국어와 중국어 번역을 담당했던 것이다.

3~4시간이 소요되는 번역 작업을 마치면 곧바로 방송을 위해 크루

즈 디렉터를 만나러 가야 했다. "서둘러, 방송해야 해." 하며 도착하기 무섭게 그는 마이크부터 들이밀고는 했다.

'크루즈 디렉터'는 모든 활동을 담당하는 역할로 특히 크루즈 안의 생활과 프로그램들을 소개하는 전용 방송을 책임지는 아주 중요한 사람이다. 보딩 데이에는 출항 직전, 모든 승객을 대상으로 비상안전대피 훈련을 실시하는데, 나는 이 안내방송을 한국어로 통역해야 했다.

"승객 여러분 안녕하십니까. 레전드 호에 승선하신 것을 환영합니다."

크루즈 디렉터가 영어와 중국어로 방송을 진행하면, 나는 뒤이어 한국어로 통역을 했다. 안전 훈련이 끝나면 선장이 정식 출항을 알린다. 이렇게 모든 일과가 끝났다고 생각하면 오산이다. 나는 다시 사무실로 돌아가 승선 승객들의 짐을 챙겨야 했다. 제3국에서 비행기를 타고 기항지로 온 승객들 중에 종종 짐을 잃어버리거나, 파손되는 경우가 있는데 이런 상황에 처한 사람들을 챙겨야 하는 게 바로 나였기 때문이다.

그야말로 숨 돌릴 틈 없이 하루를 보내고 난 후에는 캐빈으로 달려가 드레스로 갈아입고 4층 극장으로 갔다. 무대 위에 올라 중국어와 한국어로 공연을 소개하고 공연 후 마무리 인사까지 하고 나서야 비로소 나의 보딩 데이 대장정이 마무리되었다.

마라톤 같은 보딩 데이의 일정을 마감하고 난 어느 날, 결국 심한 몸살 기운으로 도저히 침대에서 일어날 수 없었다. 억지로 아픈 몸을 이끌고 출근했는데 매니저가 괜찮냐고 물었다. 난 피곤해서 그런 것 같다며 약을 먹으면 괜찮을 거라는 대답으로 넘겼다. 그런데 잠시 후, 매니저가 다시 나를 호출했다.

"나영, 근무표를 체크해봤는데 왜 이렇게 근무시간이 긴 거야? 그리고 보딩 데이에는 중간에 안 쉬는 거야?"

그의 말에 나는 당황했다. 보딩 데이에는 내가 잠시도 쉬지 못하는 상황을 매니저가 이미 알고 있을 거라 생각했기 때문이다.

"쉬고 싶긴 한데 시간이 없어요. 하선 챙기고, 컴퍼스 번역하고, 방송 통역하고, 무대도 올라야 해요. 또 저녁 프로그램이라도 있으면 그것도 통역을 해야 하거든요."

내 대답에 매니저는 의아하다는 표정으로 다시 물었다.

"왜 그걸 다 나영 씨가 해?"

"도와달라고 하니까요. 그리고 다른 부서에서 제 도움이 필요하면 도와주라고 매니저님도 그러셨잖아요."

"나영, 뭔가 잘못 이해하고 있는 것 같아. 세상에 꼭 해야 하는 일이란 없어. 본인이 할 수 있는 일과 할 수 없는 일이 있는 거지. 할 수 있으면 하는 거고, 아니면 안 하는 거야. 쉬지 못하고 일을 하니 당연히 아플 수밖에 없지. 아프다는 건 지금 무리하고 있다는 거고, 결국 본인이 할 수 없는 일을 다 하고 있는 거잖아. 나영은 먼저 사람들에게 No라고 하는 법부터 배워야 할 것 같아."

순간 머릿속이 하얘졌다. 도움이 필요하면 도와주라고 해서 힘들어도 열심히 해왔던 건데……. 그날 매니저에게 호되게 야단을 듣고 오후에는 쉬라는 명령을 받았다. 쉬라는 말은 언제 들어도 기분 좋은 말이지만 그날만큼은 전혀 달갑지 않았다. 마음 한편에 찜찜함을 담은 채 침대에 누워 매니저의 말을 곰곰이 생각해보았다. 지금 나는 할 수 있는 한계를 넘어 결국 과부하를 만들어낸 건 아닌가 하고 말이다.

그럴 수도 있겠다는 생각이 들었다. 한국어 번역 때문에 인쇄실에 간 김에 중국어 번역도 떠맡은 건 나였다. 혹시 번역이 잘못될까 마음 졸이며 사전을 펼쳐들고 지낸 것도 나였고, 애써 한 번역으로 불평을 들어도 한 마디 말도 못한 것 역시 나였다. 이 모든 일들은 누가 시킨 것이 아니라, 나 스스로 만들어낸 것만 같았다.

어려운 가정 형편에 대학 입학, 그리고 크루즈 승무원이라는 직업까지…… 내게는 뭐 하나 쉽고 편하게 가질 수 있는 게 없었다. 그런 과거 때문에 지금 주어진 일들을 어떻게든 해내야 기회를 지킬 수 있다는 압박감으로 작용했던 것 같다. 또 뭐든지 악착같이 해야 인정받고, 남들보다 더 많이 뛰어야 살아남을 수 있다는 착각 속에 살아온 걸지도 모른다.

주어진 모든 일에 '네'라고 말하는 게 긍정적인 자세일 수 있지만, 기존 업무에 차질을 빚거나 과부하로 건강에 문제를 일으킨다면 결국 '과욕'일 수밖에 없다. 내가 해낼 수 있는 선을 지키고, 과도한 요구에는 '아니오'라고 말할 수 있는 게 진정한 용기이자 자신감이라는 것을 깨달았다.

SINCE 2009

헤어짐이
익숙한 사람들

"나영, 나 내일 하선해."

내일 또 두 명의 동료가 떠난다. 2주 전에는 3명이 떠났고, 5일 뒤에는 한 사람이 더 떠난다. 크루즈 항차의 마지막 날 저녁이 되면 크루바crew bar는 떠나는 승무원을 위한 송별회 준비에 분주해진다.

크루즈 승무원에 대해 잘 모르는 사람이 들으면 '무슨 회사가 그렇게 송별회를 자주 열어? 왜 직원들이 매주 떠나? 회사에 문제라도 있는 거 아냐?'하며 의아해할지도 모른다. 그러나 재미있는 사실은 우리에게 이런 헤어짐은 너무나 익숙하다는 것이다.

승객들로부터 자주 듣게 되는 질문 중 다음과 같은 게 있다. '승무원들도 우리가 하선할 때 똑같이 하선하나요? 승무원들은 어디서 묵어요?' 승객들 입장에서는 충분히 궁금할 수 있을 것 같다. 항공사 승무원들은 목적지에 도착하고 나면 그 나라에서 하루나 이틀 가량 쉬었다가 다시 비행기를 타고 돌아가는 게 일반적인데 크루즈 승무원도 그와 비슷할 것이라 짐작하는 것이다. 게다가 승무원들이 지내는 공간은 승객들의 공간과 분리되어 있고, 크루즈의 끝부분이나 지하에 위치해 있는 경우가 많아 승객들 눈에는 잘 띄지 않는다.

앞서 언급했듯이 승무원들은 각 포지션별로 짧게는 10주에서 길게는 6개월 정도 크루즈에서 근무하고 생활한다. 그 기간에는 하선하지 않고, 근무 기간이 끝나면 5~6주 정도의 휴가를 받는다. 그 후 다시 크루즈로 복귀해 몇 개월간의 근무를 하고, 또 휴가를 받는 패턴이 반복된다.

이처럼 저마다 근무기간이 다르고, 또 상황에 따라 근무 중에 다른 크루즈로 옮길 수도 있는 승무원의 특성상 매 항차마다 새롭게 승선하고 또 떠나는 직원들이 있을 수밖에 없다. 게다가 특별한 경우가 아닌 이상 매번 근무하는 크루즈가 달라지기 때문에 이번에 만난 동료들과 다음번에도 같이 일을 한다고 장담할 수가 없다.

매운 음식도 처음에는 힘들지만 계속 먹다 보면 적응되는 것처럼 헤어지는 일에는 영영 익숙해지지 않을 것 같던 나도 이별과 만남을 여러 번 반복하다 보니 내성이 생기고 무뎌지는 듯했다. 하지만 첫 이별만큼은 내게 특히 아쉬운 기억으로 남아있는데 첫 캐빈 메이트였던 왕징과 말레이시아에서 온 줄리안과의 이별이 그랬다.

왕징은 든든한 친구였다. 크루즈에서 일한다는 것은 내 인생의 꿈을

당신들의 기준은 사양하겠습니다

실현하는 것이었고, 커다란 도전이었던 만큼 처음에는 두려움도 컸다. 다양한 인종, 다양한 국가의 사람들에게 둘러싸여 지낸 시간들도 낯설었고 생각지 못한 뱃멀미도 복병이었다. 그 모든 것이 쉽지 않던 수습 기간에 왕징이 곁에 있었기에 두렵고 외로운 시간들을 견딜 수 있었다. 부서를 옮긴 후 자주 만나지는 못했어도 시간이 흐를수록 더 소중하게 생각되는 관계였다. 알고 지낸 기간은 짧았지만 시간은 깊이와 비례하지 않는다는 것을 그녀와의 관계를 통해 깨닫기도 했다. 그런 왕징이 크루즈를 떠날 때는 마치 우리가 함께 지냈던 시간들이 한순간에 흩어지는 것처럼 아쉽기만 했다.

줄리안은 나의 직속 상사가 휴가를 간 동안, 그를 대신해 온 매니저였다. 하이톤의 목소리, 까무잡잡한 피부, 작은 키, 글래머러스한 체형 그리고 세련된 화장과 옷매무새 등등. 한눈에 봐도 무섭고 깐깐한 인상이었다. 말레이시아 출신의 그녀는 원어민 뺨치는 영어 실력으로 자신의 존재감을 드러냈다.

첫 부서 회의에서 줄리안은 직원 한 명, 한 명과 눈을 맞추며 부서에서 지켜주었으면 하는 몇 가지 사항들을 언급하고는 간단히 자기소개를 끝냈다. 그녀가 풍기는 아우라만 봐도 야심과 당당함이 느껴지는데다 짤막한 인사말에서도 크루즈 베테랑이라는 게 고스란히 전해졌다.

그녀의 등장으로 나에게 생긴 문제는 바로 '다리 부종'이었다. 이전 상사 때는 방문 승객이 없을 때 돌아가며 사무실에 들어가 쉴 수 있었는데, 그녀가 오고 난 뒤로는 눈치가 보여 다리가 아파도 데스크 앞에 서있을 수밖에 없었다. 줄리안은 승객들과 대화를 나눌 때면 잘 웃고 유쾌한 농담도 곧잘 던지곤 했다. 하지만 업무를 처리할 때 우리를 보는 눈빛은 엄격했고, 한시도 흐트러짐이 없었다. 게다가 부서 매니저인 키스 앞에서도 그녀는 늘 당당하게 자기주장을 내세우곤 했다.

그러던 어느 날 크루즈 안에서 직원들을 위한 라틴 파티가 열렸다. 나는 동료들과 퇴근 후 맥주 한잔을 즐기던 중이었다. 그때 줄리안이 문을 열고 들어오는 것을 보고 나도 모르게 구석으로 숨어버렸다. 최대한 줄리안의 눈에 띄지 않으려 애쓰고 있었는데 그녀가 다가와 먼저 인사를 건넸다.

"나영, 여기 있었구나!"

파티에서 만나 대화를 나눠본 줄리안은 사무실에서의 모습과는 완전히 다른 사람이었다. 장난치는 것도, 놀리는 것도 좋아하는 그녀는 영락없는 장난꾸러기였다. 예전에 한국에서 일을 해본 적도 있다며 몇 가지 한국어 문장을 선보이기도 했다. 무엇보다 놀라웠던 것은 그녀가 나와 동갑이라는 거였다.

"알아, 내가 나이가 좀 많아 보이지? 하하하. 근데 사실은 네가 너무 어려 보이는 거라고!"

그녀는 호탕하게 웃으며 앞으로 친구처럼 지내자고 말했다. 그녀가 먼저 다가와준 덕분에 나도 서서히 마음을 열었고 우리는 늦은 시간까지 많은 이야기를 나누었다. 그녀는 자신의 성격과 자라온 환경, 과거 경력 등 많은 얘기를 해주었다. 언젠가는 멋진 전원주택을 짓고 싶다는 것, 크루즈 업계에서 계속 커리어를 쌓고 싶어 한다는 점이 나와 비슷해 대화도 잘 통했다. 다만 늘 꿈만 꾸고 있던 나와는 달리 그녀는 차근차근 구체적인 준비를 해나가고 있었다. 이후에는 나도 그녀의 조언에 따라 다양한 포지션으로 근무하며 커리어를 쌓아나갈 수 있었다.

그녀는 내게 좋은 친구인 동시에 존경하는 멘토가 되었다.

그래서 그녀가 하선하는 날이 다가오자 아쉬운 마음이 커져갔다. 헤어짐에 나름 익숙해졌다고 생각했는데 아니었다. 그녀가 떠나기 일주일 전부터 어떻게 헤어져야 할지 고민하고 또 고민했다. 전날 밤 길게 쓴 편지를 건네며 울지 않으리라 다짐했지만 생각처럼 되지 않았다. 하지만 줄리안은 여전히 덤덤했다. 그녀는 눈물을 펑펑 쏟는 나를 보더니 미소를 지으며 말했다.

"나영, 지금이 어떤 세상인데. 페이스북도 있고, 이메일도 있어! 우린 언제나 연결되어 있어, 온 세상은 연결되어 있다고!'

어렸을 적 내 방에는 작은 지구본이 있었다. 엄마는 세상이 내가 상상할 수 없을 만큼 크고 넓다고 말했다. 하지만 손바닥 한 뼘 펼치면 캐나다에 닿고, 반대쪽으로 또 한 뼘 펼치면 유럽에 닿는 작은 지구본을 만지작거릴 땐 마치 세상이 손만 뻗으면 닿을 수 있을 것 같았다. 하지만 내 현실을 알게 되면서 손에 닿을 것 같던 세상은 너무 멀게만 느껴졌다. 나를 알아줄 세상을 절대로 만나지 못할 것만 같았던 때도 있었다.

그런 내가 베이징 행 비행기에 오르고, 크루즈를 알게 되고, 승무원이라는 직업을 갖게 되면서 내게는 너무 멀기만 했던 세상이 점점 가까워지는 것을 느꼈다. 로마에서 승선한 크루즈가 며칠 뒤에는 두바이에 도착하고, 또 며칠 뒤에 인도, 싱가포르 등등 새로운 곳으로 나를 데려다주면서 세상은 결코 멀지 않다는 것을 알게 해주었다. 그리고 나의 SNS에는 어느 순간부터 전 세계에 사는 친구들이 끊임없이 생겨

배에서 내린 이후에도 SNS를 통해 전 세계의 동료들과 연락을 이어가고 있다.
크루즈에서의 기억은 여전히 우리를 하나로 연결해준다.

나고 있었다. 이제 세계 뉴스를 볼 때도 자연히 그곳의 친구가 떠올라 먼 곳의 일로 느껴지지 않았다.

승무원에게 있어 헤어짐에 익숙해진다는 건 단순히 보고 싶은 감정을 조절하고, 현실을 받아들이는 능력이 생겼다는 뜻이 아니다. 언젠가는 다시 만난다는 것에 대한 믿음, 그리고 세계는 넓지만 우리는 서로에 대한 기억으로 연결되어 있다는 사실을 깨닫게 되는 것이다.

일상을 여행처럼,
여행을 일상처럼

크루즈에서 근무하는 사진들을 SNS에 올리자 '크루즈 승무원'이라는 직업이 관심을 끌었던 모양이다. 단순히 배를 타고 돌아다니는 선원에 불과한 줄 알았는데 사람들이 생각했던 것과는 조금 달랐던 것 같다. 다양한 국적의 사람들과 어울려 파티를 열고, 동료들과 즐겁게 일하는 사진 속 내 모습은 하루 종일 사무실에서 앉아 있는 직장인들과 비교하면 매우 낯선 모습이었을 것이다. 크루즈의 환경도 신선했겠지만 무엇보다 자고 일어나면 다른 나라에 도착해 있고, 출입문만 나서면 해외여행이 시작되는 크루즈 승무원의 일상이 너무나 비현실적으로 느껴졌다고 했다.

학창시절의 내게 여행은 사치였다. 경제적인 여유가 없었던 것이 그 이유였다. 대학교 신입생 오리엔테이션 장소가 대마도였는데 그때 처음 만들어본 여권은 출국 도장 한번 찍어보지 못한 채 유효기간을 넘겨버렸다. 동기들에게는 멀미약 부작용으로 몸이 좋지 않아 갈 수 없겠다고 둘러댔지만, 사실은 아르바이트를 가야 했던 나의 거짓말이었다. 여행의 설렘은 공짜지만, 진짜 여행은 돈을 주고 사야 한다는 걸 뼈저리게 느꼈던 스무 살의 나. 그때는 돈을 쓰는 여행 대신 돈을 버는 아르바이트를 택할 수밖에 없는 형편이었다. 그래서 나는 여행 방송이나, 기행문, 안내책자 읽는 것을 좋아하게 됐다. 길을 걷다가 마음을 끄는 여행 상품 광고를 발견하면 불쑥 들어가 상담도 하고 질문만 잔뜩 하다 나오기도 했다. 당장 떠날 수는 없어도 여행의 설렘만이라도 만끽하고 싶은 나만의 작은 사치였다.

그랬던 내게 크루즈에서 일을 한다는 건 그 사치가 현실이 되고, 일상이 된다는 의미였다. 크루즈에서 일하게 되면 돈도 벌고 여행도 마음껏 할 수 있을 거라고 생각했다. 그런데 막상 승무원이 되어 보니 여행은 생각보다 쉽지 않았다. 승무원에게 기항지에서의 여행은 마치 '오늘의 미션'과 같았다. 승객들을 목적지까지 데려다주면 임무가 완성되는 항공사와는 달리 크루즈는 24시간 운영된다. 승객들이 관광을 위해 기항지에 내려도 우리는 함께 하선할 수 있는 게 아니고 보통은 더 바빠지기 때문이다. 가끔 근무 스케줄이 잘 맞아떨어지면 기항지에서 달콤한 여행을 즐길 수 있는 시간이 생기기도 하지만, 야속하게도 안전교육이 잡혀 황금 같은 기회를 포기하기 일쑤였다. 승객들이 하선을 한 시간이 안전교육을 실시하기 가장 적절했기 때문이다. 교육을 마치고 시간이 생겨도 가까운 곳을 둘러보거나, 점심 한 끼 빠듯하게 먹을 수 있는 정도가 대부분이었다.

그런데 만약 부두가 도심과 멀리 떨어져 있는 경우는 그마저도 어려울 때가 있다. 대부분의 공항들은 그 나라에서 가장 시설도 좋고, 깨끗하며, 도시와의 접근성도 좋아 대중교통을 타고 시내로 갈 수 있는 방법도 많다. 그러나 크루즈 터미널은 다르다. 물론 미국 마이애미, 호주 시드니, 일본 나가사키, 홍콩과 같이 터미널이 도심과 가까운 곳에 위치해 있거나 항구 주변이 발달된 곳도 있지만 아직도 많은 항구들에는 제대로 된 크루즈 터미널이 없어 컨테이너 부두 시설을 공동으로 사용하거나 시내와 거리가 멀어 주변에 제대로 된 인프라를 갖추지 못한 곳이 많았다.

그럼에도 불구하고, 크루즈 승무원은 상대적으로 여행의 기회가 많은 직업이다. 크루즈의 일정은 1~2년 단위로 계획되어 있기 때문에 일정을 미리 확인할 수 있어 가고 싶은 국가나 도시의 방문에 맞춰 여행을 계획할 수 있다. 또 개인적으로 계획을 하지 못했더라도 괜찮다. 크루즈 승무원이기 때문에 여행을 누릴 수 있는 또 다른 혜택이 있기 때문이다.

첫 번째는 기항지 관광 부서의 인솔자가 되는 것이다. 기항지 관광 부서Shore Excursion Department는 쉽게 말해 크루즈 내부의 여행사라고 생각하면 된다. 크루즈 티켓과 기항지 관광 상품을 패키지로 구매한 승객들은 여행사의 인솔자를 따라 하선해 관광을 하게 된다. 반면에 크루즈 티켓만 구매한 승객들은 승선한 후 기항지 관광 부서에서 판매하는 상품을 별도로 구매할 수 있다. 이때 크루즈 승무원이 인솔자가 되어 승객들과 동반해 가이드를 하게 된다. 승무원은 미리 인솔자 신청을 할 수 있는데 기항지에는 전문 로컬 가이드가 배치돼 있어 승객들이 안전하게 관광할 수 있도록 관리하면서 본인도 여행을 즐길 수 있다.

두 번째는 인사과의 복지 혜택을 활용하는 것이다. 인사과에서는 가격이 합리적인 승무원을 위한 투어를 기획하기도 하는데 관련 정보를 문의해 신청하는 것도 좋은 방법이다. 또한 크루즈마다 다르지만 승무원들에게 자전거를 대여해주는 곳도 있어 자전거 도로가 잘 정비되어 있는 일본이나, 캐나다의 빅토리아, 미국의 키웨스트 같은 지역에서는 자전거 여행을 시도해볼 수 있다.

인생에 있어 여행이란

◇◇◇◇◇◇◇◇

크루즈 근무 기간이 길어지고 다양한 국적의 승객들, 여행자들을 만나다 보니 종종 '여행의 의미'에 대해 생각해보게 된다. 유독 같은 노선을 서너 번 반복해 타는 승객들도 있고 기항지에 도착했음에도 하선하지 않는 승객들이 있다. 비싼 돈을 주고 크루즈에 탔으면서도 기항지에서 내리지 않고 일광욕을 하며 하루 종일 책을 보는 승객들, 그 나라만의 로컬 음식들을 즐길 수 있는데 크루즈에 남아 식사를 즐기는 사람들, 일행과 대화를 나누며 시간을 보내는 사람들을 처음에는 이해할 수 없었다. 하지만 크루즈에 대해 더 알아갈수록 그들의 여행 목적은 기항지가 아니라 크루즈, 일상에서 벗어나는 여유 그 자체라는 것

여행의 목적은 누군가에게는
낯선 곳으로의 모험이고,
또 누군가에게는 일상에서
벗어나는 그 자체이다. 어떤
목적의 여행이건 떠나는
설렘이란 똑같지 않을까.

을 알게 되었다. 그동안 나에게 여행은 어딘가에 도착하고, 뭔가를 봐야 하고, 달성해내야 하는 거창한 프로젝트였다.

로마에 가서는 콜로세움 앞에서, 이집트에 가면 피라미드 앞에서 사진을 남겨야만 여행인 걸까? 그래야만 그 나라를 다 보았다고 할 수 있는 걸까? 물론 유적지와 유명 관광지까지 둘러볼 수 있으면 더 좋겠지만 그렇지 않다고 해서 진정한 여행이 아니라고 말할 수 있을까?

여행 'Travel'의 어원은 '고통, 고난 Travail'에서 왔다고 하니, 집 나가면 고생이라는 옛말이 근거 없는 말은 아닐지도 모른다. 우리 역시 여행 과정에서 고생을 통해 얻는 경험이나 교훈이 값지다고 생각하며, 그 여행이 가치 있었다고 생각하지 않는가. 매일의 일상을 쓰는 것처럼, 우리의 여정도 하루하루 쌓여 만들어지는 것은 아닌지 생각해보게 된다. 아주 짧은 시간이지만 배를 떠나 부두 근처를 돌아보는 것, 길가의 작은 상점을 발견해 그 나라의 맥주 한 캔을 마시고, 과일가게에 들러 신선한 과일을 맛보는 것, 새로운 나라에 정박한 크루즈 위에서 일출과 일몰을 보는 것까지……. 어제와 조금 다른 오늘을 보내고, 오늘보다는 조금 더 색다른 내일을 맞이하는 것. 이것이 바로 일상을 여행처럼, 여행을 일상처럼 보내는 삶이 아닐까 생각한다.

SINCE 2009

크루즈에
지붕이 없는 이유

"나영, 오늘 기대해도 좋을 거야. 서프라이즈가 있을 예정이거든."

그날도 평소와 다름없는 근무일이었다. 그런데 매니저가 다가와서는 장난스러운 미소와 함께 오늘 기대하고 있으라는 의미심장한 말을 남기고 사라졌다. '손님이 나를 칭찬하는 글을 홈페이지에 올렸나?', '오늘 레스토랑에서 저녁이라도 쏘려나?', '휴가라도 하루 주는 건가?' 내가 생각할 수 있는 모든 경우들을 떠올려봤지만 매니저가 장담할 만큼의 놀라운 것은 아니었다. 정말 나를 깜짝 놀라게 할 일이 아니고서야 저렇게 말하지도 않았을 테니 말이다. 무슨 일인지 궁금했지만 바쁜 업무에 금세 잊어버렸다.

오전 10시가 되고 동료들은 모든 승무원들이 참석해야 하는 전 직원 회의를 위해 하나둘 데스크를 떠났다.

"나영, 오늘 데스크 커버하는 날이야!"

"응, 알고 있어."

각 부서마다 대기인원 한두 명만 남고 모두 참석해야 하는 중요한 회의 날인데 그날은 마침 내가 당직이었다. 남아 있는 동료들에게 서둘러 회의에 참석하라고 재촉하려는데 매니저가 말을 꺼냈다.

"나영, 오늘 데스크 커버 안 해도 돼."

'오호라, 이것이 매니저가 말한 서프라이즈였나?'

전 직원 회의는 승객들이 하선한 사이에 열리기 때문에 업무가 많거나 힘든 게 아니었다. 다만 계속 서있어야 하는 데다 혼자서 근무하니 지루하다는 게 가장 큰 단점이었다. 그리고 크루즈의 전 직원 회의는 지루하고 졸음이 나오는 그런 분위기가 아니다. 유쾌하고 활기 넘치는 게 일종의 축제 같아서 지루한 데스크 커버보다는 회의에 참석하는 게 더 즐거운 일이었다.

"정말요? 혹시 이게 아까 말한 서프라이즈인가요? 고마워요!"

나는 늦게 가면 자리가 없을까봐 서둘러 극장으로 달려갔고 무대가 잘 보이는 앞자리를 찾아 앉았다. 고개를 돌려 둘러보니 전 직원이 4층 대극장에 모여 있었다. 드문드문 보이는 다른 부서 친구들과도 인사를 나눴다. 1,000여 명의 승무원들이 모두 모인 시끌벅적한 대극장은 활기 넘치는 새벽시장 같았다. 무대에 오른 인사과 매니저의 인사말로 마침내 회의가 시작되었다.

내가 소속된 로얄캐리비안 크루즈는 총 25척의 크루즈 선박을 보유한 글로벌 선사로, 크루즈 선박들은 각기 다른 개체로 운항하며 서로 선의의 경쟁을 벌인다. 매 항차의 마지막 날 승객들에게 전달되는 고객 만족도 설문지의 결과에 따라 선박별로 점수와 순위가 매겨지는데 전 직원 회의 중에 그 결과를 발표한다. 내가 승선했던 레전드 호는 고객 만족도에서 늘 1~2위를 다투곤 했는데, 자신이 근무하는 크루즈가 상위권에 머문다는 사실은 직원들의 사기를 북돋아 주는 역할을 충분히 해주었다.

회의 중에는 크루즈 순위 발표 이외에도 평소 근무하느라 크루즈 내의 공연을 보지 못하는 직원들을 위해 가수, 댄서들이 공연을 하고 또 악기 연주나 노래, 춤 등에 재능 있는 승무원들이 무대를 꾸미기도 한다. 인사과는 승무원들이 즐길 수 있는 이 달의 프로그램에 대해 소개하고, 선장님은 앞으로의 운항 노선 등 알아두어야 할 정보, 안전수칙들을 알려준다. 그러나 전 직원 회의의 꽃은 바로 뭐니 뭐니 해도 '시상식'이라고 할 수 있다.

각 부서별로 매니저와 동료들의 추천을 받은 승무원에게 상이 주어지는데, '이달의 우수 직원 상Employee of the Month'과 '올해의 우수 직원 상Employee of the Year'으로 나뉜다. 나는 크루즈에서 근무하는 동안 총 3번의 이달의 우수 직원 상을 받았다. 첫 번째는 승객이 설문지에 나에 대한 좋은 평가를 남긴 덕분에 받을 수 있었고, 두 번째는 선상 신문을 번역하고 무대와 안내방송을 통역하면서 제대로 쉬지 못하고 근무한 데에 대한 보상이었다. 그리고 세 번째는 그룹&이벤트 코디네이터로서 한 달간 크루즈에서 개최된 2012 블라디보스토크 APEC 정상회담을 치른 후에 수상했다.

부서별로 한 명씩 수상자가 호명되자, 해당 승무원들은 무대 위로 올라가 상을 받았다. 밝게 웃으며 무대에 오르는 그들의 모습을 보니 몇 달 전 상을 받던 내가 떠올라 새삼 뭉클했다. 상을 받는 직원은 누군가 자신의 노력과 열정을 알아준다는 것을 확인할 수 있어 뿌듯해하는 것이다. 그 마음을 잘 알기에 나 또한 큰 박수와 환호로 그들에게 축하를 보냈다.

이달의 우수 직원 시상이 끝이 나고, 이어 올해의 우수 직원 시상이 이어졌다. 이 상은 한 해 동안 근무한 직원 중 각 부서장들의 평가를 통해 호텔 부서에서 1명, 항해 부서에서 1명을 선정하는데 직원들에게는 의미가 가장 큰 상이다. 시상자로 나선 인사과 매니저는 올해의 우수 직원을 호명하기에 앞서 그에 대해 묘사하기 시작했다.

"그녀의 작은 체구를 보면 무엇을 할 수 있을까 하고 의문을 갖다가도, 그녀가 일하는 모습을 보면 체구가 작아서 더 빠르고, 부지런히 움직일 수 있다는 생각이 들기도 합니다. 늘 밝은 웃음과 넘치는 에너지로 승객을 대하며, 몇 달 전 블라디보스토크에서 열린 APEC 정상회담도 성공적으로 마무리한 그녀에게 올해의 우수 직원 상을 전달하려 합니다. 그리고 첫 번째 한국인 수상자이기도 하죠. 이제 그녀가 누군지 다들 알겠죠? 축하해, 나영!"

내 이름이 호명되었다. 분명 내 이름이었는데도 나는 상황 파악이 되지 않아 멍하니 자리에 앉아 있었다. 올해는 누가 또 이 상을 받게 될까 궁금했는데, 내가 이 상을 받게 된 것이다. 믿을 수 없었고, 믿기지도 않았다. 여전히 내가 굳은 듯 앉아만 있자 동료들은 "나영, 너! 바로 너야!" 하며 자리에서 일으켜 세웠다. 모든 직원의 시선이 나에게로 향했다. 우리 매니저와 눈이 마주치자 그는 손가락으로 나를 가리키며 소리쳤다.

"이게 바로 내가 말한 서프라이즈야!"

매니저가 말한 서프라이즈는 휴가도 아니고, 승객의 칭찬 코멘트도 아니었다. 바로 이것, '올해의 우수 직원 상'의 수상이었다.

"나영, 무대로 올라오세요."

미리 알았으면 뭔가 준비라도 하고 왔을 텐데. 다리가 떨리고 구두 굽이 흔들려 넘어질 것만 같았다. 나는 떨리는 몸을 주체하지 못해 받아든 상장을 꼭 쥐고 서있었다. 무대 아래에 앉아 있던 선장님과 호텔 디렉터도 기념사진을 찍기 위해 올라왔고 나는 그들 가운데에 수줍게 서있었다. 두 사람을 번갈아보며 상황을 파악해보려 했지만 그저 모든 게 꿈 같고, 손에 쥔 상이 무겁게 느껴졌다. 내 모습에 긴장한 기색이 역력했는지 선장님이 어깨를 다독여 안심시켜주었다.

"나영, 넌 충분히 상을 받을 자격이 있어."

그리고 내 얼굴을 쳐다보고 미소를 짓더니 사진사의 신호에 맞춰 상장과 함께 내 팔을 번쩍 들어올렸다. 그 순간 가슴이 벅차고 눈물이 고였다. 호텔 디렉터는 연신 '감사합니다'라고 인사만 하는 나를 꼭 안고 "넌 최고의 이벤트 코디네이터야."라며 칭찬을 했다. 부서 매니저들과 동료들도 무대에 올라 축하해주었다. 함께 기뻐하는 그들을 보니 내 몸에 남아 있던 긴장감과 부담감이 조금씩 사라졌다.

이렇게 많은 사람들이 도와주고, 든든하게 지원해주는 한 무엇이든 못할 것이 없었다. 지난 3년, 큰 프로젝트가 있거나 문제가 생겼을 때

LEGEND OF THE SEAS

2012 블라디보스토크 APEC 정상회담은 승무원
생활 중 가장 어려운 이벤트였지만, '올해의 우수
직원 상'을 안겨주며 내 성장의 발판이 되어주었다.

마다 난 혼자 처리하고 해결해왔다고 생각했는데 그건 착각이었다. 내 뒤에는 나를 늘 지켜봐주고 도움을 주는 동료들이 있었다. 그 사실을 깨달은 순간, 나는 누구보다도 행복한 사람이었고 세상에 부러울 것이 없었다. 내가 성장할 수 있게 곁에서 도와준 사람들, 그리고 기회를 준 크루즈가 정말 고마웠다.

"고맙습니다. 더 잘하겠습니다!"

로얄캐리비안 크루즈 라인의 대표인 리처드 페인Richard Fain이 직원들에게 이런 질문을 한 적이 있다고 한다.

"크루즈의 꼭대기에는 왜 지붕이 없는지 아시나요?"

당시 객석에서는 '수영장에 햇볕이 들어야 일광욕을 할 수 있으니까요', '항해할 때 해변에 있는 느낌을 연출하기 위해서요', '빗물을 받기

당신들의 기준은 사양하겠습니다

위해서요' 등 창의적이고 엉뚱한 대답들이 나왔다고 한다. 조용히 직원들의 대답을 듣던 리처드는 웃으며 다음과 같이 말했다고 했다.

"지금이 나의 한계라는 생각이 들 때, 크루즈의 가장 높은 곳에 올라가 손을 뻗으면 손에 닿는 것이 천정이 아니라는 것을 알려주기 위해서입니다. 끝이 없는 하늘처럼 무한한 가능성과 기회가 우리 위에 펼쳐져 있다는 것을 잊지 않기 위해서 크루즈 꼭대기에는 지붕이 없습니다."

리처드가 말한 이유로 크루즈에 지붕이 없는 것은 아닐 것이다. 그러나 당시 리처드의 말이 끝나자 그 자리에 있던 모두가 힘껏 박수를 쳤다는 것은 크루즈라는 곳에서 본 넓은 세상, 그곳에서 잡은 기회를 누구보다 우리가 잘 알고 있기 때문일 것이다. 그리고 그 시간 전 세계를 항해하고 있는 수백 척의 크루즈에서 무한한 가능성과 기회로 손을 뻗고 있을 수많은 동료들이 있다는 것을 잊지 않았기 때문이 아닐까. 그리고 나 역시 그 중 한 사람이다.

13억이 사는 세상에 뛰어들다

CHAPTER

4

새로운 세상을 향해 도전하다

늘 쳇바퀴 안의 다람쥐처럼 살아오던 나는 중국이라는 넓은 세상을 만날 수 있었다. 그리고 그곳에서 운명처럼 크루즈라는 존재를 알게 되었다. 그 존재는 곧 꿈이 되었고 얼마 후 나는 승무원이 되어 바다를 대지 삼아 생활할 수 있었다. 접시를 나르는 일부터 시작해 크루즈 안의 각종 행사 진행은 물론 게스트 서비스 부서에서의 새 업무까지…… 내 가슴은 한 순간도 멈춘 적이 없었다. 시시각각 변하는 파도의 움직임처럼 바다 위의 삶 역시 매 순간이 배움의 장이었고, 도전이었다. 그리고 그 시간을 통해 하루하루 성장할 수 있었다. 모든 일상을 배 안에서 보내는 내게는 크루즈 자체가 거대한 '세상'이었다. 그런데 어느 날부터 그 곳에 새로운 바람이 불기 시작했다.

전 세계를 이동하며 매일 새롭게 만나는 승객은 물론, 동료들을 통해 내가 미처 모르던 세상, 다양한 인생이 존재한다는 걸 깨달았다. 함께 일하는 동료들 중에는 고등학교를 졸업하고 바로 바다 위 생활을 시작해 30년 이상의 경력을 가진 베테랑도 있었고, 전혀 다른 일을 하다가 승무원이 된 사람들도 많았다. 그들은 그야말로 세계를 무대로 저마다의 다양한 경험을 쌓은 사람들이었으며, 나이나 직업 등에 상관없이 늘 새로운 도전을 두려워하지 않는다는 공통점이 있었다. 그렇게 수많은 사람들과의 만남을 통해 나 또한 도전에 대한 호기심이 생겨나고 있던 그때, 잊지 못할 삶의 전환점이 찾아왔다.

UN을 포기한 승무원

◇◇◇◇◇◇◇◇

당시 내게는 오랫동안 만남을 이어온 사람이 있었고 결혼 문제로 고민 중이었다. 하지만 막상 결혼을 선택하면 배에서 내려야 한다는 생각에 쉽게 결정을 내리기 어려웠다. 아직 크루즈에 대해 알아야 할 것도, 해야 할 일도 많았기 때문이다. 거기에 새로운 세상에 대한 동경까지 뒤섞이자 이러지도 저러지도 못한 채 혼란만 커져갔다. 그런 나에게 생각의 전환점을 만들어준 사람이 있었다.

캐빈 메이트였던 나탈리아 Natalia는 아르헨티나 출신에 키는 작지만 다부진 체격의 40대 여성이었다. 나와 꽤 나이차이가 났기 때문에 그녀와의 첫 만남에서 아래층 침대를 양보해야 하나 생각이 들기까지 했다. 그러나 나탈리아는 나이 따위는 신경도 쓰지 않는 적극적이고 개방적인 성격이었다. 자신을 '마미타(Mamita, 엄마라는 뜻의 스페인어)'라고 부르라며 다가와 주었고 우리는 금세 친한 친구가 되었다.

어느 날 나탈리아와 대화를 나누던 중 놀라운 사실을 알게 되었다. 크루즈 생활을 하기 전까지 그녀가 일했던 곳이 바로 UN이라는 것이다. 그녀도 나처럼 우연한 기회에 크루즈를 알게 되었는데, 나이가 더 들기 전에 새로운 일을 경험하고 싶어 승무원에 지원했다고 했다. '나이는 숫자에 불과하다'라는 말을 나탈리아를 통해 직접 접하게 되는 순간이었다. 그런 용기 때문이었을까, 그녀의 배우고자 하는 열정과 패기는 누구에게도 뒤지지 않았으며 나탈리아라는 존재는 나에게 커다란 응원과 자극이 되었다.

그녀와 함께 생활하면서 가장 크게 느꼈던 점은 내가 원한다면 어떤 길이라도 갈 수 있다는 것이었다. 바다 위에서 만난 다양한 사람들

을 통해 나의 전부였던 크루즈도 수많은 세상들 중 하나일 뿐이고, 내가 어떤 선택을 하더라도 다시 크루즈로 돌아올 수 있다는 믿음을 나탈리아를 통해 배울 수 있었다.

연극에서는 1막이 끝나면 커튼을 내리고 무대를 정비하며 2막을 준비하는 시간을 갖는다. 극의 흐름을 위해서는 꼭 필요한 과정이다. 어쩌면 우리 인생에도 다음에 이어질 멋진 이야기들을 위해 잠시 쉬어가는 시간이 필요한지도 모른다. 그리고 바로 지금이 내 인생의 2막을 위해 잠시 재정비해야 할 때라는 생각이 들었다.

나는 재충전의 시간을 위해 마지막 항차를 기점으로 바다 위의 생활을 잠시 멈추기로 결정했다. 나탈리아에게 처음 이야기를 꺼내자 그녀는 놀라워했다. 하지만 곧 환한 웃음과 함께 너무 멋진 선택을 했다며 축하의 인사를 건넸다. 소식을 알게 된 동료들은 큰 아쉬움을 드러냈다. 그 모습을 보며 동료들을 떠나보냈던 첫 항차가 생각났다. 그때는 동료들과의 이별에 적응하는 데 꽤 오랜 시간이 필요했었다. 하지만 나도 이제 동료들과 서로를 응원해주고, 웃으며 인사를 나누는 승무원식 이별에 익숙해져 있었다. 며칠 후 나의 새로운 출발을 축하해주는 작은 파티가 열렸다. 함께 웃고 떠들고 건배를 하며 인사를 나누었다. 만약 다른 사람들이 봤다면 결코 그 파티가 이별을 위한 자리라고는 상상도 하지 못했을 것이다.

크루즈 승무원들은 헤어짐에 익숙한 사람들이다. 그래서 이별을 마냥 슬퍼하지 않는다. 수없이 많은 사람들과의 만남과 작별을 통해 이것이 영원한 이별이 아니라는 걸, 언젠가 다시 만날 수 있다는 걸 잘 알기 때문이다. 나 역시 아쉬운 맘도 적지 않았지만 가벼운 발걸음으로 배에서 내릴 수 있었다. 그저 평소보다 조금 더 긴 휴가를 떠나는 거라고, 잠시 충전하며 많은 것을 배워, 더 멋진 승무원이 되어 돌아오겠다는 마음으로 말이다.

다시 바다를 꿈꾸다

◇◇◇◇◇◇◇◇

배에서 내려 육지 생활에 적응해 갈 때쯤 나는 한 여행사로부터 스카우트 제의를 받았다. 사실 게스트 서비스 부서에서 근무하는 동안에도 적지 않은 여행사들로부터 스카우트 제의를 받았었고, 하선한 이후에도 다양한 제의가 있었지만 고민의 여지없이 정중히 거절해왔었다. 그런데 그 회사의 제안은 다른 때와 달리 내 마음을 움직였다.

새로 제안을 해온 것은 크루즈에서 고객으로 만난 적 있는 중소 규모 여행사의 대표님이었다. 그는 자신의 여행사에 새롭게 크루즈 팀을 꾸려 전문적으로 육성해볼 생각인데 그 팀의 책임자를 맡아달라고 했다. 다소 뜻밖의 제안이었던 데다 큰 규모의 회사가 아니라 현실적인 고민이 들기도 했다. 하지만 고민은 오래 가지 않았고 그 여행사를 선택하기로 결정했다. 거기에는 몇 가지 이유가 있었다. 무엇보다 육지에서 생활하는 동안 크루즈와 연결고리를 이어가며 일할 수 있다는 점이 끌렸다. 또 많은 사람들에게 크루즈를 알릴 수 있는 일이었고 무엇보다 크루즈에 대한 대표님의 강한 열정이 느껴졌기 때문이었다. 그리고 회사가 만들어 놓은 시스템을 따라야 하는 게 아니라 내 방식으로 새로운 체계를 만들어 운영할 수 있다는 것도 마음을 끌었다. 이 문제로 걱정을 해주는 사람들도 있었지만 오히려 내게는 도전 욕구를 불러 일으키는 요인이었다. 회사의 규모가 얼마나 큰지, 연봉이 얼마이며 나의 지위는 어떤 정도인지는 조금도 중요하지 않았다. 가장 중요하게 생각한 건 크루즈와 관련된 일을 계속할 수 있는지, 그리고 앞으로 더 배우고, 발전할 수 있는지가 전부였기 때문이다.

입사와 동시에 항공, 호텔팀만 있던 여행사에 크루즈팀이 꾸려졌다. 신생 부서인데다 그 회사에서 크루즈를 경험해본 사람은 나와 이사님, 대표님까지 단 3명뿐이었다. 결국 모든 것이 내 어깨에 달려 있었다. 하지만 그 점이 더욱 동기부여가 되었고, 새로운 일을 향한 도전은 가슴을 뛰게 했다. 내가 사랑하는 크루즈를 더 많은 사람에게 알릴 수 있는 일이지 않은가.

하지만 역시 사회생활은 단순히 의지만으로 해결되는 건 아니었다. 지금까지 조직에서 오랜 시간 축적된 시스템에서 일을 한 경험이 있다고 해도 새로운 체계를 만들고, 효과적인 업무 방식을 구축한다는 건 결코 쉽지 않았다. 그러나 내게는 어려움에 지쳐 있을 시간도 없었고, 다소 무모해 보이는 도전을 한 선택에 후회할 마음도 없었다. 그 동안 살아오면서 쉽고, 편안하게 무언가를 이뤄본 적은 한 번도 없었기 때문이다. 내가 잘 알고 있는, 가장 잘 할 수 있는 방식으로 문제를 해결하기로 했다. 그건 바로 최선을 다해 달리는 것이었다.

나는 그야말로 밤낮없이 일하며 어느 때보다 바쁜 시간들을 보냈다. 새벽 4시 기상, 밤 12시 퇴근은 기본이고 주말과 공휴일을 가리지 않고 부두에 나가 승객들을 만나고 현장을 관리했다. 처음에는 신생 부서이니 만큼 승객들의 컴플레인을 해결하느라 애를 먹기도 했다. 하지만 우리 팀은 크루즈여행과 시스템을 누구보다 잘 알고 있었고, 승객들의 요구사항을 잘 이해하고 있었다. 몇 번의 시행착오 끝에 우리는 최강의 팀워크를 자랑하며 본격적인 프로젝트를 시작한 지 1년 만에 70,000명이 넘는 크루즈 관광객 모집이라는 성과를 이뤄냈다. 그 많은 관광객을 유치하기까지 쏟은 팀원들의 노력과 땀은 이루 말할 수 없었고, 나를 믿고 따라준 그들에게 너무나 큰 고마움을 느끼고 있었다.

회사는 갈수록 체계가 잡혀갔고 성장 곡선도 가파르게 올라가고 있었다. 그렇게 정신없이 달리던 어느 날, 우연히 찾게 된 부두에서 휴식을 취하던 중 문득 크루즈에서 바라보던 일출과 일몰이 떠올랐다. 배 안에서 바쁘게 접시를 나르고, 쉬는 시간에 동료들과 파티를 즐기고, 승객들과 대화를 나누던 그때가 그리웠다. 바쁘게 지내다 보니 처음 예상했던 것보다 많은 시간이 흘렀지만 이제라도 바다 위로, 내 자리로 돌아가야 할 때가 됐다는 생각이 들었다. 이런 내 마음을 알았던 걸까, 때마침 한 통의 전화를 받게 됐다.

그럼에도
가야만 하는 길이라면

"대한항공 875편 8시 35분 중국 상하이 푸동행 항공편 탑승이 곧 시작됩니다. 해당 항공편으로 출국하시는 분께서는 게이트 6번으로 오셔서 탑승해주시기 바랍니다."

김해공항에서 상하이행 비행기 티켓을 들고 무거운 발걸음으로 탑승구로 향했다. 단순한 출장이라면 신이 나서 비행기에 올랐을 텐데 오늘만큼은 마음도, 표정도 하물며 짐도 무겁다. 이번에 상해로 떠나는 건 일상적인 출장도, 여행도 아니다. 바로 해외로 이직을 하러 가는 길이기 때문이었다.

여행사에서 일하다 다시 크루즈로 돌아가야겠다는 생각이 들 때쯤,

한통의 전화를 받았다. 그 전화는 뜻밖에도 로얄캐리비안 인터내셔널의 중국지사에서 온 것이었다. 무슨 일로 내게 연락을 했을까 궁금해하는데 상대방의 이야기가 이어졌다.

"안녕하세요, 나영 씨. 로얄캐리비안 인터내셔널 중국지사의 인사과입니다. 다름이 아니라 아니타Anita의 소개를 받고 연락 드렸어요."

아니타는 얼마 전 우연히 만났던 승무원 시절 동료였다. 당시 3,000명 가까이 되는 크루즈 승객이 부산에 도착했고 나는 여느 때처럼 부두에서 새벽 5시부터 승객들을 챙기느라 분주하게 뛰어다니고 있었다. 그런데 멀리 크루즈 출입구에서 낯익은 얼굴이 보이는 게 아닌가. 바로 옛 동료이자 트레이닝 선배였던 아니타였다. 서로를 알아본 우리는 어찌나 반갑던지 부두에서 부둥켜안고 폴짝폴짝 뛰며 소리를 질렀다. 게스트 서비스 부서에서 함께 일했던 아니타가 내가 하선한 지 1년도 채 되지 않아 크루즈를 떠나 중국에서 새 직장을 찾았다는 소식을 들었었다. 그런데 부두에서 이렇게 만나게 될 줄이야. 그리고 그녀의 새 직장이 바로 상하이에 위치한 로얄캐리비안 인터내셔널의 중국지사였고 그녀는 출장차 이번 크루즈에 승선했다고 한다.

짧은 시간이었지만 그녀와 대화를 나누다 보니 자연스레 승무원 시절의 이야기가 등장했다. 안 그래도 크루즈에 돌아가고 싶은 마음이 들던 참이라 그 시절이 그립다고, 크루즈로 돌아가 열심히 뛰어다니고 싶다는 이야기를 주고받았다. 그런 나의 이야기를 기억한 아니타는 상하이로 돌아가자마자 로얄캐리비안 인터내셔널 중국지사에 나를 추천했다. 회사의 인사 담당자는 때마침 적합한 자리가 있다며 면접 제안을 해왔다. 스카우트를 위한 전화를 했던 것이다.

미리 전해들은 얘기도 없었던 데다가 너무 갑작스러운 일이라 어떻게 통화를 이어나가야 할지 몰라 당황스러웠다. 일단 생각을 정리할 시간이 필요하니 자세한 내용은 메일로 보내 달라며 전화를 끊었다. 그렇게 갑작스러운 전화 한 통은 평범했던 하루를 특별하게 바꿔버렸다. 나는 하루 종일 온몸이 떨리고 얼굴이 화끈거려 일에 집중할 수가 없었다. 그리고 다시 크루즈와 관련된 새로운 일을 하게 될지도 모른다는 생각에 가슴이 뛰기 시작했다. 팀원들도 '차장님, 오늘 무슨 좋은 일 있으세요?'라며 물을 정도였다.

행복한 아내가 되기로 했다

◇◇◇◇◇◇◇◇

막상 전화를 받았을 때는 좋은 쪽으로만 생각하며 마냥 들떠 있었다. 하지만 현실로 돌아와 이런저런 문제들이 떠오르자 본격적인 고민이 시작되었다. 어렵게 고생하며 다져온 여행사의 일이 아쉽기는 했지만 이제 자리를 잡은 만큼 내가 없어도 잘 운영될 거라는 믿음이 있었다. 중국지사에서 근무한다는 건 내가 처음 원했던 바다 위로 돌아가는 건 아니었지만 오히려 크루즈와 관련된 다양한 일을 해볼 수 있는 기회기도 했다.

나를 가장 고민에 빠뜨린 것은 역시 남편에 대한 걱정이었다. 혹시 내가 상하이에서 일을 하게 된다면 남편과는 주말부부, 아니 몇 달에 한번 만나는 상황이 되기 때문이었다. 가정을 꾸린 후 너무 이른 시기에, 내가 가장 사랑하는 사람과 떨어져 지낸다는 게 계속 맘에 걸렸다.

당신들의 기준은 사양하겠습니다

그러나 이렇게 찾아온 기회를 포기하고 싶지 않았기에 며칠간 밤잠도 설쳐가며 고민에 고민을 거듭했다. 하지만 혼자서는 도저히 결정을 내릴 수 없는 문제였다. 나는 남편에게 솔직히 모든 걸 털어놓고 함께 상의해야 한다는 결론을 내렸다.

그날 저녁, 이야기를 하기 위해 남편과 마주앉았지만 어떻게 말을 시작해야 할지 몰라 망설이다 조심스레 며칠 전 걸려온 전화에 대한 이야기를 꺼냈다. 먼저 미리 말하지 못해 미안하다는 말부터 했다. 떨어져 지내야 하는 것 때문에 당연히 거절해야 했지만 그러지 못했다고, 새로운 도전을 포기하고 싶지 않았다는 솔직한 심정도 전했다. 확정된 건 아니지만 한번 만나 제대로 이야기를 들어보고 싶다고 했다. 말없이 이야기만 듣던 남편이 내 얼굴을 바라보며 입을 열었다. 그리고는 자신은 오랜 시간을 함께 보내는 아내와 사는 것도 좋겠지만 무엇보다 자신의 삶을 행복해하는 아내를 원한다고 했다. 오히려 아직도 하고 싶은 게 많아서, 행복해 보여서, 그런 여자가 자신의 아내라서 좋다고 흔쾌히 동의를 해주었다. 그리고 꼭 이야기가 잘 풀려 새롭게 출발하기를 바란다며 응원을 해주었다.

며칠 후 로얄캐리비안 인터내셔널 중국지사에 이력서를 제출했다. 그리고 간단한 온라인 면접을 거쳐 실무진 면접을 위해 상하이로 향했다. 내가 제안 받은 것은 크루즈 내에 있는 중국 여행사들을 담당하는 자리였다. 아무리 글로벌 기업이라지만 중국에 위치한 회사에서 중국 여행사 담당 업무를 한국인에게 맡긴다는 것은 굉장히 이례적인 일이었다. 여기에는 승무원 당시 근무 평가도 영향을 미쳤지만 여행사에서 근무하며 중국 여행사와 기업들, 다양한 선사들과 연계해 일을 해왔던 게 높이 평가받은 듯했다. 그동안 내가 해왔던 성과와 노력을 인정받았다는 생각이 들어 뿌듯했다.

실무진과의 면접을 마치고 다시 인사과 담당자를 만났는데 그가 잠시 뭔가를 생각하는 듯 하더니 이야기를 이어갔다.

"나영 씨, 실무진과의 면접을 잘 보신 것 같아 축하드려요. 그런데 마침 자리가 난 포지션이 하나 더 있는데 나영 씨와 잘 맞을 것 같아요. 어때요? 이왕 온 김에 면접 한 번 더 보는 게."

예정에 없던 일이었지만 나는 흔쾌히 수락을 했다. 그렇게 만난 사람은 회사의 총괄적인 업무를 담당하고 있는 지난 리우^{치淄楠}였다. 그는 최고경영자와 함께 사업 전략을 수립하고, 크루즈 운영부터 시작해 기항지 개발, 선박 건조, 마케팅 실행 등 관여하지 않는 일이 없었다. 한마디로 크루즈에 관련된 모든 일을 수행하는 인물이었던 것이다. 그는 또한 국제 크루즈산업협회^{CLIA, Cruise Lines International Association}의 회장 직을 맡고 있었다. 크루즈 업계에서는 정평이 나있으며 많은 사람들의 존경을 받는 분이었다. 이런 분과 함께 일할 수 있다면 크루즈 산업 전반에 관해 통찰할 수 있고 많은 것을 배울 수 있을 것 같았다. 그로부터 내가 제안 받은 자리는 그의 업무를 함께 운영하며 서포트하는 역할이었다.

단지 앞으로 어떤 일을 하게 될지 설명만 듣고 있을 뿐이었음에도 이미 내 가슴은 뛰고 있었다. 크루즈 세계에는 아직도 내가 모르는 일들이 많았고, 더 넓은 세상이 있었다. 그리고 내게 그 세상으로 들어갈 기회가 온 것이다. 다시 도전 욕구가 일었다. 배로 돌아가 승객들과 직

나의 상사이자 스승과도 같은 크루즈 산업의
리더인 '지난 리우'. 그와 함께 일하며 많은 것을
배우고, 또 성장하고 있다.

접 만나며 일을 하는 것도 좋지만 육지에서도 크루즈에 관한 일을 새롭게 다룰 수 있다는 자신이 생겼기 때문이다. 한 배에서 수천 명의 승객을 상대하는 게 아니라 전 세계의 바다를 대상으로, 수십 척의 크루즈와 수십만 명의 승객들을 목표로 도전해보고 싶었다.

뛰는 가슴을 다독이며 면접을 무사히 마치고 한국으로 돌아왔다. 최종 결과를 기다리는 동안은 일이 통 손에 잡히지 않았다. 상하이 사무실에서 일하고 있는 모습을, 세계 여러 국가로 출장을 다니는 모습을 상상하고 있었다. 그리고 며칠 후, 인사과 담당자로부터 연락을 받았다. 두 자리 모두 나를 채용하고 싶어 한다고 하면서 어떤 자리를 수락하겠냐고 물었다. 며칠 간 긴장됐던 마음이 풀리면서 안도의 한숨이 나왔다. 그리고 주저 없이 내 가슴이 더 크게 뛰도록 만든 곳을 원한다고 말했다.

두 번째 이별

◇◇◇◇◇◇◇◇

이직이 결정되고 주변 지인들에게 나의 소식을 알렸다. 처음에는 함께 기뻐하며 축하를 해주던 그들이 해외로 이직을 한다는 얘기에 이런저런 질문을 하기 시작했다. 그리고 내 대답을 들으면서 나를 걱정했고, 일부는 내 선택을 이해하지 못하는 눈치였다.

사실 당시 일하고 있던 직장에서 꽤 높은 연봉을 받고 있었다. 눈코 뜰 새 없이 바빴던 회사 일도 안정을 찾아가고 있었고, 달콤한 신혼을 누리며 앞으로의 미래를 계획하고 있었다. 그런데 이직을 하게 되면 새로운 직장에서 받게 될 연봉은 원래 받던 것에 한참 미치지 못했고, 연고도 없는 해외에서 온전히 혼자만의 생활을 시작해야 했다.

나 역시 그런 부분을 고려하지 않았던 건 아니다. 나에게 이 선택은 결코 단순하지도, 쉽지도 않았다. 하지만 내게 어떤 상황이 주어졌었더라도 아마 나는 같은 선택을 했을 것이다. 왜냐하면 내 꿈이 이미 그곳을 향하고 있었기 때문이다.

나는 무언가를 결정할 때 머릿속에 늘 새겨두는 말이 있다. 바로 '모든 일에 정답은 없다'라는 것이다. 나는 어떤 문제에서건 내 선택이 정답이라고 생각하지는 않는다. 왜냐하면 내 선택을 정답으로 여기는 순간부터 작은 차이에도 후회와 자책이 시작되기 때문이다. 그래서 나는 늘 정답보다는 가장 합리적이고 적당한 답을 찾기 위해 노력한다. 이번의 내 선택이 옳은 선택인지는 아직도 알아가는 중이다. 그리고 그 결과를 확인하기까지는 그리 오래 걸리지 않을 거라고 믿었다.

싸워서
얻을 수 있는 건 없다

　새 회사에서 함께 일하게 된 사장님은 로얄캐리비안 인터내셔널의 중국지사를 맡아 2년 만에 50배 넘는 규모로 키워내 중국 크루즈 산업의 리더로 평가받는 분이었다. 크루즈에 종사하는 사람이라면 모두 그를 만나 조언을 듣기를 원했고 미국 본사에서도 가장 신뢰하는 인물이었다. 그런 분과 함께 일을 할 수 있게 되다니! 앞으로 얼마나 더 많은 일들을 배우고 경험할 수 있을지 부푼 가슴을 안고 회사 생활을 시작했다.

　그런데 내가 회사에 입사한 이후부터 일부 직원들의 수군거림이 있었다. '아무리 승무원 경력이 있고 영어와 중국어를 한다고 해도 어떻게 한국인을 바로 중요한 자리로 채용할 수 있어?'라고 말이다. 회사 사

바다 위 크루즈 승무원으로 시작해 이제는
상하이에서 더 큰 크루즈의 세상을 만나고 있다.

람들의 반응도 어느 정도 이해가 갔다. 나는 정식으로 경영학을 전공했거나 국제무역을 경험한 전문가도 아니고, 중국 정부와 특별한 연줄이 있는 것도 아니었다. 게다가 나는 한국인이었다. 내 주변 사람들은 모두 '중국인 사장의 직속으로 활동하게 될 비즈니스 코디네이터가 한국인'이라는 사실에 무척 흥미로워했었다. 내가 중국에 있는 크루즈 회사에서 일한다고 했을 때는 '한국에서 출발하는 크루즈가 생기는 거야?', '한국에서 판매하는 크루즈 상품들을 담당하는 거야?', '그 회사에서 한국 관련 업무를 담당하는 거지?'라는 질문들을 받기도 했다. 하지만 아이러니하게도 내가 담당하는 업무는 한국과 연관성이 별로 없었다. 회사에서 나에게 스카우트 제안을 해왔을 때도 내게 관련 업무를 맡길 생각은 없었다. 오히려 기타 국가들의 정부기관 사람들을 만나고, 중국의 공공기관 사람들과 진행하는 업무가 압도적으로 많았다.

나는 어느 자리에서 무엇을 하건 그만한 이유와 자격이 있기 때문이라고 믿어왔다. 내가 이 자리에 있는 이유는 크루즈와 관련 사업 경험을 통해 시장을 더 넓게 볼 수 있는 시야와 크루즈 산업의 성장에 기여할 수 있는 능력을 가졌기 때문이라고 생각했다. 하지만 나의 열정이나 자신감과 달리 문제는 엉뚱한 곳에서 생겨나고 있었다.

내 능력 밖의 상하이 언어

◇◇◇◇◇◇◇◇

입사 직후부터 나는 업무 외에는 신경 쓸 겨를도 없이 바쁜 시간을 보내고 있었다. 그러던 어느 날, 처음 보는 한 직원이 나에게 다가왔다.

나는 반갑게 '니하오'라고 인사를 했는데 그 직원은 중국어도 영어도 아닌 처음 듣는 언어로 말을 하기 시작했다. 마치 태국어 같기도 하고, 필리핀어 같기도 했던 그 언어를 한 마디도 알아들을 수 없었다. 내가 "무슨 말씀이세요?"라고 묻자 그 직원은 실소를 띠며 "아, 상하이 말은 전혀 못 하는군요?"라고 말하는 것이 아닌가.

상하이에는 '상하이화上海话'라고 하는 사투리가 있다. 상하이에서 나고 자란 사람들은 다른 지역에 비해 잘 사는 도시, 국제도시, 대도시로서의 자부심이 강해 상하이화를 할 줄 안다는 것을 자랑으로 여기고, 드러내길 좋아한다. 상하이 시 차원에서도 보존을 위해 노력하고 있고, 대중교통의 안내방송을 표준어, 상하이화, 영어 순으로 할 정도다. 우리 회사 역시 상하이에 있다 보니 직원 절반은 상하이 출신이거나, 그곳에서 오래 거주한 사람들이 많았다.

입사 초기에는 상하이화로 말을 거는 사람들이 한두 명이 아니었다. 그때마다 "나는 상하이화를 못하니 표준어로 말해주시겠어요?"라고 하면 사과를 하며 표준어로 다시 말해주는 사람도 있었지만 개중에는 "상하이에 살면 상하이화를 배워야지."라며 억지 논리를 펴는 사람도 있었다.

최대한 긍정적으로 생각하려 했고 "내가 상화이화를 배우는 것보다 차라리 그쪽에서 한국어를 배우는 게 더 빠르겠어요."라며 농담으로 넘기기도 했다. 300명이 넘는 인원이 근무하는 환경도 있지만 외모로만 보면 내가 외국인인지 알 수 없어 그랬던 거라고 생각하기도 했다. 하지만 인사과에서 메일을 통해 전 직원에게 내 국적을 알린 뒤에도 내 앞에서 상화이화를 사용하는 사람이 있었다. '이메일을 읽지 않

았구나'라고 생각하기에는 다소 의도적으로 보이는 사람들도 있었다.

안 그래도 업무에 적응하느라 바빴고, 혼자 외국 생활을 하느라 외롭고 힘든 일이 많은데 사투리와 표준어 같은 문제로 감정과 시간을 소모하고 싶지 않았다. 하지만 시간이 지나면 자연히 해결될 거라 믿었던 언어 문제는 갈수록 커져만 갔다.

그날은 회사 중역들이 모여 중요한 회의를 하는 중이었다. 대부분이 상하이 사람이긴 했지만 회의는 표준어와 영어로 진행되고 있었다. 그런데 유독 한 사람만이 상하이화를 썼는데 말도 많은데다 워낙 빨라 무슨 얘기를 하는지 알아듣기가 힘들었다. 그런데 그 사람이 말하는 중간중간 곤란한 표정의 나를 힐끗 힐끗 쳐다보는 것 같았다. 속에서는 부아가 치밀었지만 회의 중간에 그런 일로 화를 낼 수는 없었다. 오히려 오기가 발동해 '아무리 상하이화로 말을 해도 내가 업무를 제대로 처리해 본때를 보여줘야겠다'라는 생각뿐이었다.

나는 다른 직원들의 말을 들으며 내용을 유추하기도 하고, 표준어와 비슷하게 들리는 말은 메모를 해뒀다가 찾아보기도 하며 회의 내용 복기에 애를 먹었다. 그런데 다음 날 아침, 내가 작성한 자료를 보고 상하이화를 사용하던 그 직원이 나에게 회의 내용을 제대로 알아들은 것이 맞느냐는 식의 메일을 보내오기까지 했다.

나만의 문제 해결 방법

◇◇◇◇◇◇◇◇

한국을 비롯해 어느 지역이건, 어떤 규모나 종류의 조직이건 유난히 예민한 사람은 있게 마련이고, 짓궂음의 정도를 넘어서는 사람도 존재한다. 일상에서 상하이화로 말을 걸거나, 개인적으로 농담하는 정도라면 나 역시 웃어넘기면 되지만 업무에 불편이나 피해를 주는 상황이라면 간단히 여길 문제가 아니었다. 나는 우선 그 직원을 찾아가 회의 중에는 상하이화를 쓰지 말아달라고 정중히 부탁했다. 하지만 며칠 후, 회의실에서 같은 상황이 반복되었다. 악의 없는 행동이라 해도 그냥 넘어가서는 안 되겠다고 생각했다. 앞으로도 이 회사에는 나 같은 한국인 후배가 입사를 할 수도 있고, 전 세계 다양한 국적과 언어를 지닌 사람이 동료가 될 수도 있지 않은가. 내가 이대로 지나치거나 눈치를 보기 시작한다면 또 누군가가 비슷한 문제로 힘든 상황을 겪어야 할 거라는 생각이 들었다. 하지만 그렇다고 개인적으로 싸우거나 특정 개인을 문제 삼고 싶지는 않았다. 내가 원하는 것은 감정적인 처리가 아니었기 때문이다. 그리고 내가 겪고 있는 불편함은 회사 전체의 문제가 아니라 일부 개인의 실수 때문이지 않은가. 나는 인사과에 이런 부분을 알리고 시스템으로 보완해달라는 건의 메일을 보냈다. 그리고 회사 전체에 공문이 내려오는 데까지는 오랜 시간이 걸리지 않았다.

로얄캐리비안 인터내셔널은 다국적 글로벌 기업인만큼 언어, 인종, 문화적 차별은 있을 수 없는 일이며 영어를 공통어로 사용하도록 지침하고 있습니다. 사무실이 위치한 지역이나, 대다수 근무자들의 국적에 따라 다수가 사용하는 언어를 사용하는 것은 당연한 일인지도 모릅니다. 그래서 우리 상하이 사무실에서는 중국어와 영어를 함께 사용하고 있습니다. 그리고 한 가지 더 보충을 하자면 중국어도 다른 지역에서 온 사람들을 위해 표준어 위주로 대화하길 바랍니다. 하지만 무엇보다 명심해야 할 점은 여러분 주변에는 여전히 본인과 다른 국가에서 온 사람들이 함께 생활하고 있으며, 그들과 함께 배려하며 생활을 해야 한다는 것입니다.

회사에서 문제를 다루는 방식은 내가 기대했던 것보다도 합리적이고 논리적이었다. 길지 않은 공문에는 실수를 범한 상대방 누구에게도 불쾌함이나 죄책감을 전하지 않으면서도 해법을 제시하고 있었다. 이후 나를 비롯한 다른 외국인 직원들 앞에서 상하이화를 사용하는 일은 사라졌다. 하지만 나는 이 일을 좀 더 현명한 방법으로 마무리 짓고 싶었다. 그래서 친하게 지내는 동료한테 부탁해 '안녕', '감사합니다'

부터 '나는 상하이화를 못해요', '밥 먹었어요?' 같은 상화이화 문장을 하루에 한 가지씩 배우기 시작했다.

그러던 어느 날 나에게 짓궂게 굴던 직원과 복도에서 마주쳤다. 나를 막 지나치려던 그에게 내가 먼저 말을 걸었다. 그것도 상하이화로 말이다. 그는 내 상하이화를 듣고는 깜짝 놀라더니 이내 환하게 웃으며 발음을 교정해줬다. 몇 번이나 반복해 연습하는 내 모습을 미소와 함께 지켜보던 그가 떠나가자 마음 한편에 남아 있던 불편함도 함께 사라졌다. 그 뒤로는 다른 직원들을 대하는 내 마음은 물론 나를 대하는 동료들의 모습도 더욱 편해졌다.

세상을 살다보면 나와는 다른 언어, 문화, 환경에서 살아온 사람들을 만나게 된다. 그리고 그 안에서 서로의 다름으로 인한 마찰이 생겨나기도 한다. 하지만 그 마찰은 결코 감정적으로 다투거나 내 입장을 강변한다고 해결되는 것이 아니다. 나의 기준으로 다른 누군가를 평가하려 하지 말고 상대방을 있는 그대로 받아들이려 한다면 서로를 이해하는 첫 발걸음이 되고 가까워지는 계기가 될 것이다. 나는 그렇게 그들의 문화를 이해하고 조직의 일원이 되기 위해 노력했고 그들은 기꺼이 나를 받아들여주었다.

SINCE 2015

미션 임파서블,
만리장성을 빌려라!

한 직원이 다급한 표정으로 나에게 다가왔다.

"나영 씨, 사장님 호출이세요. 지금 바로 회의실로 오랍니다."

무슨 일이길래 이렇게 급하게 찾으시나 싶어 회의실로 달려갔다. 그곳에는 미국 본사에서 온 직원들과 사장님이 회의 중이었다. 헐레벌떡 자리를 잡고 앉았는데 다급하게 찾던 것과는 달리 사장님은 여유롭게 웃으며 본사 사람들에게 나를 소개했다.

"이쪽은 김나영 코디네이터입니다. 예전에 우리 회사 크루즈에서 승무원으로 근무를 했었고, 각종 이벤트와 행사를 성공적으로 담당했던 만큼 아마 이번 일도 잘해낼 겁니다."

영문을 몰라 어리둥절해 하고 있는데 본사 직원들이 내게 자신들을

당신들의 기준은 사양하겠습니다

소개했다.

"반가워요, 나영 씨. 우리는 마이애미 본사에서 왔고 회사 브랜드 행사를 담당하는 팀이에요."

그들은 회사의 브랜드 관련 행사를 진행하는 부서의 팀원들이었다. 다양한 크루즈 상품의 프로모션, 새로운 기항지 론칭, 크루즈 선박의 건조, 다른 회사와의 컬래버레이션 등 대규모 행사들을 기획, 구성까지 도맡아 진행한다. 그런데 이분들이 지금 상하이에 무슨 일로 오신 걸까. 그리고 행사는 내 업무와 상관없는데 사장님은 왜 나를 불러 이들에게 소개하는 건지 전혀 상황 정리가 되지 않았다.

"나영 씨도 알고 있겠지만 현재 독일에서 건조 중인 오베이션 호 Ovation of the Seas가 유럽을 거쳐 내년 8월부터 톈진을 모항으로 운항할 계획이에요. 중국이 기점인 만큼 우리는 이번에 중국에서 오베이션 호의 대모(Godmother, 크루즈는 각 선박마다 영향력 있는 여성 한 사람을 대모로 세우는 전통이 있다.)를 선정하는 명명식을 거행하려고 해요."

와! 명명식이라니, 게다가 대모를 소개하는 행사라니! 이건 그야말로 어마어마한 프로젝트였다. 선박업에 종사하는 사람들은 명명식의 의미가 얼마나 큰지 잘 알고 있다. 건조한 후 처음 바다에 띄우는 진수식, 출항 전의 준공식, 그리고 배에게 이름을 지어주는 명명식 등은 배에서 근무하는 사람들, 그 배를 타고 다니는 사람들의 안전과 평안을 기원하기 위해 배의 정식 출항 전에 반드시 거쳐야 하는 중요한 의식이다.

"나영 씨, 그것뿐만 아니라 우리는 행사일에 맞춰 주주들을 중국으로 모셔 주주총회를 열려고 해요."

그 말과 함께 내게 두 건의 서류를 건네줬다. 하나는 코카콜라Coca

Cola, 맥도날드McDonald's, 하얏트Hyatt, 언스트&영Ernst&Young, 윌헴슨 Wilhelmsen, 타임지Time 등 누구나 알고 있는 글로벌 기업 CEO들의 이름 이 적힌 주주 명단이었다. 또 하나는 일주일간의 주주총회 일정표였다. 일정을 살펴보니 중국 정부와의 회견, 만찬, 베이징 관광, 주주총회, 명 명식 등 굵직굵직한 행사들이 적혀 있었고 세부 일정은 기록되어 있지 않았다. 거의 무계획에 가까운 이 일정표를 받아든 나는 잠시 패닉 상 태에 빠졌다.

'설마 나보고 이 행사를 맡아달라는 건 아니겠지? 아닐 거야, 설 마…….'

하지만 바로 이어진 말이 불안한 추측을 현실로 바꿔버렸다.

"나영 씨, 내년 행사까지는 아직 8개월이나 남아있다고 생각할 수도 있어요. 하지만 행사 자체가 워낙 큰 규모인데다 주주총회까지 함께 치 러지는 행사인 만큼 지금부터 준비해도 시간이 모자랄 수 있어요. 우 리가 중국에 자주 올 수도 없고요. 그래서 나영 씨가 필요해요. 중국 에서 진행될 이 행사의 담당자가 되어주었으면 해요."

나는 눈을 동그랗게 뜬 채 그들을 바라만보고 있었다. 옆에서 지켜 보던 사장님은 "나영 씨라면 잘할 수 있을 거야."라고 했지만 입사한 지 이제 막 3개월 지난 내가 감당하기엔 너무나 거대한 프로젝트였다. 놀라움을 감추지 못하고 일정표와 주주 명단만 번갈아 쳐다보고 있는 데 본사 직원이 한 마디 덧붙였다.

"아, 그리고 만찬은 만리장성에서 진행했으면 해요. 만리장성은 빌릴 수 있죠?"

이 말을 듣는 순간 말문이 턱 막혔지만 가까스로 말을 이었다.

"아직 빌려본 적이 없어서요. 하하하……."

난 농담으로 긴장을 풀어보려고 했다. 아니, 지금 이 상황이 농담이기만을 바랄 뿐이었다. 큰 행사 진행도 무리인 것 같은데 내가 무슨 수로 만리장성을 빌린단 말인가. 교환학생 생활 1년 말고는 중국 생활이 처음인 한국인에게 이런 일을 맡길 거라고는 상상해본 적도 없었다. 하지만 결국 내 손에는 일정표가 쥐어졌고, 나는 8개월 안에 이 이벤트를 준비해내야만 했다.

본사 직원들이 미국으로 돌아간 후부터 매주 수요일 저녁마다 전화를 이용한 회의 스케줄이 잡혔다. 본사 이벤트 팀과 정기적으로 진행 상황을 보고하고, 의논을 해야 했기 때문이다. 규모가 워낙 큰 일이다 보니 사장님은 나에게 이벤트가 끝날 때까지는 편하게 재택근무도 좋고, 베이징 출장이 잦을 테니 베이징 사무실에서 근무해도 좋다고 배려해주었다. 말 그대로 '알아서 편하게 일하되, 이 이벤트는 반드시 성공적으로 마무리해야 한다'였다.

내 사전에 불가능은 없다

◇◇◇◇◇◇◇◇

행사 하나하나가 모두 부담이었지만 가장 큰 문제는 바로 만리장성을 빌리는 일이었다. 도통 어디서부터 어떻게 시작해야 할지 감조차 잡히지 않았다. 무작정 포털사이트를 통해 '만리장성 대여', '만리장성 근처 식당' 등을 검색해보며 해결방법을 찾기 시작했다. 관리기관에 전화해 '만리장성에서 행사를 진행하려고 하는데, 빌릴 수 있을까요?'라고 물어보기도 했다. 전화를 받은 직원은 장난전화인 줄로 알았는지 어이없어하며 전화를 끊어버렸다.

결국 상하이에서는 제대로 일을 해결할 수 없겠다 싶어 베이징으로 건너갔다. 그곳에 머물며 회사 직원들의 인맥을 총동원해 유명 브랜드의 이벤트를 담당하는 전문가를 만나기도 하고 또 만리장성을 빌릴 수 없을 경우 차선책으로 이화원(베이징 교외에 위치한 중국 황실의 여름 별궁이자 최대 규모의 황실 정원) 내에 있는 건물에서 만찬을 열어볼까 싶어, 이화원의 관리자를 만나기까지 했다. 베이징에 머무는 동안 매일같이 업체와 미팅을 하고, 장소를 물색하며 모든 시간을 오로지 이벤트 성공을 위해 쏟아 부었다.

그러던 어느 날 우연히 얼마 전에 영화 〈스타워즈Star Wars〉의 제작발표회를 만리장성에서 개최했다는 이야기를 듣게 되었다. 하늘에서 내려온 동아줄이라도 잡은 듯한 심정이었다. 만리장성에서 이벤트를 연다는 게 불가능한 일은 아니라는 희망이 생겼기 때문이다. 온갖 수소문 끝에 당시 제작발표회를 기획했던 이벤트 기획사를 찾을 수 있었다. 그 기획사를 통해 마침내 만리장성을 빌릴 수 있는 방법이 있다는 대답을 받았다. 하지만 또 다른 문제가 도사리고 있었다. 단 한 차례의 저녁식사를 위해 만리장성 위에 조명, 조리시설, 테이블, 무대 등을 설치해야 하는 것이다. 만찬은 단 몇 시간이면 끝나겠지만, 그 준비 과정에는 훨씬 많은 시간이 필요했다. 세팅과 준비를 위해 하루, 행사일을 위해 하루, 이벤트가 끝난 후 원래 모습으로 돌려놓기 위해 또 하루가 필요해 총 3일을 빌려야 한다는 계산이 나왔다.

그 날 저녁 바로 본사와의 미팅을 진행했다. 1분 1초라도 서둘러 결정을 내려야 했다. 비록 이벤트까지는 몇 개월 남아 있지만 만리장성을 빌리고 준비하기 위한 작업에 많은 시간이 소요될 것이었기 때문이다. 일주일 후 본사 담당자와의 현지 미팅이 이뤄졌고 마침내 만리장성을 빌릴 수 있게 되었다. 막상 가장 큰 문제가 해결되고 나니 나머지 사안들은 그야말로 작은 고민거리에 불과했다. 베이징 관광, 명명식, 중국 정부와의 미팅 등을 포함해 일주일 동안 진행될 이벤트의 세부 일정을 상세히 짜나가기 시작했다.

처음에는 큰 부담을 안고 시작한 일이었지만, 문제를 하나씩 해결해 나갈수록 자신감이 붙었다. 지금껏 일을 하면서 가장 도전적인 시간을 보내고 있었는지도 모른다. 그리고 점점 더 잘해내고 싶다는 욕심이 생겼다. 이벤트 날짜가 가까워질수록 마이애미 본사와의 회의가 잦아져 낮에는 중국시간에 맞춰서, 저녁에는 미국 시간에 맞춰 일을 하며 하루가 어떻게 지나가는지도 모를 만큼 일에 빠져 지냈다.

극적으로 끝난 만리장성 프로젝트

◇◇◇◇◇◇◇◇

드디어 대망의 이벤트 날짜가 다가왔고, 나는 베이징에서 마무리 준비에 한창이었다. 주주와 그 가족들의 입국 수속부터 공항, 호텔 등 현장 스태프들을 관리하는 동시에 다음 일정까지 순조롭게 진행되는지 감독했다. 다행히 베이징 관광 및 주주총회는 무사히 마무리되었고,

불가능할 것 같았던 만리장성을 빌리고
그곳에서 만찬을 열다니.
지금도 그 모든 과정이 신기하기만 하다.

중국 정부와의 미팅도 만족스런 성과를 남기며 종료되었다. 오베이션의 대모로 선정된 배우 판빙빙范冰冰과의 미팅도 성공적으로 끝낼 수 있었다. 그리고 거대한 이벤트의 여정은 마지막 하이라이트인 만리장성에서의 만찬만 남겨두고 있었다.

그런데 모든 것이 순조롭게 진행되던 이벤트의 마지막 날 아침, 나는 비가 올지도 모른다는 일기예보를 전달받았다. 그야말로 비상이 걸렸다. 일기예보를 계속 체크했지만 그날 비가 올 확률은 20% 미만이었기 때문이었다. 그런데 하필 만찬이 진행되는 저녁 시간에 소나기가 올지도 모른다는 예보가 전해진 것이다. 장장 8개월에 걸쳐 모든 걸 쏟아부어가며 준비한 일들을 비로 망칠 수는 없었다. 아침부터 긴급회의를 진행한 후 서둘러 만리장성으로 이동했다. 테이블과 조명 설치로 한창인 현장을 바라보며 만약 이곳에 비가 내리면 어떤 모습일지 상상을 해보았다.

마냥 걱정만 하며 시간을 흘려보낼 수는 없었다. 비가 오든 안 오든 무조건 천막을 설치하기로 결정했다. 그리고 참석자들이 공연을 볼 수 있어야 했기에 천막은 투명해야만 했다. 흔치 않은 투명 천막을 구해와 설치하는 데까지 사용할 수 있는 시간은 단 3시간뿐이었다. 게다가 천막 설치가 먼저 진행돼야 하는 만큼 무대와 테이블 세팅은 모두 중단되었다.

현장에는 팽팽한 긴장감이 감돌았다. 등줄기로 식은땀이 흘렀고 지금부터 진행되는 모든 과정에 한 치의 오차도, 실수도 용납되지 않았다. 다행히 이런 분위기를 전환시켜 준 건 본사 이벤트 담당자들이었다. 그들은 역시 오랜 경험을 지닌 베테랑다웠다. 지나치게 긴장하고 있으면 하지 않을 실수도 벌어진다며, 현장 스태프들에게 아이스크림을 사다가 돌리거나 가벼운 농담을 건네며 잔뜩 얼어 있던 현장 분위기를 순식간에 녹였다. 집중하되 심각해하지 않는 자세, 긴장하되 경직되지 않는 자세. 그런 점은 나 역시도 배워야 한다고 생각했다.

신속하게 천막과 무대, 테이블이 설치되고, 공연팀도 리허설을 무사히 마치는 등 만찬 시작 30분을 남겨둔 시점에 모든 작업이 마무리되었다. 마침내 주주들과 초청받은 인사들의 차량이 속속 도착하기 시작했다. 만리장성에 설치된 행사장에 도착한 그들은 만찬의 규모와 세밀한 화려함에 입을 다물지 못했다. 8개월 전만 해도 믿을 수 없었던, 차라리 농담이었으면 좋겠다고 생각했던 만리장성에서의 만찬. 그 일이 현실이 된 것이다.

시작을 알리는 연주와 공연이 이어졌고 회장님의 인사말과 함께 만찬이 진행되었다. 만리장성 너머로 해가 뉘엿뉘엿 지고, 조명이 켜지는 것과 동시에 하늘에서는 빗방울이 떨어지기 시작했다. 야외 만찬 중에 떨어지는 빗방울을 보며 그렇게 해맑게 웃은 사람들은 우리밖에 없었을 것이다. 만리장성과 화려한 조명, 그리고 사람들의 여유로운 분위기가 어우러지자 우려했던 비는 오히려 만찬의 완성을 위해 준비된 이벤트 역할을 해주었다.

3시간에 걸친 만찬은 그야말로 대성공이었으며 참석했던 모든 인사와 주주들의 극찬이 이어졌다. 사장님은 중간중간 나를 바라보며 고개를 끄덕여주셨다. 말하지 않아도 무슨 뜻인지 알 수 있었다. 만찬을 마치고 떠나가는 참석자들과 인사를 나눴다. 모두들 나의 두 손을 꼭 잡아주며 감사를 표하거나 따뜻하게 안아주셨다. 많은 사람들에게 소중하고 행복한 기억을 남겨드릴 수 있어서 나 역시 행복한 순간이었다.

행사를 마치고 일주일의 휴가를 받은 나는 잠시 숨을 고르며 베이징에서 내가 해냈던 일과 시간들을 가슴속에 다시 한 번 새겼다. 여러 순간을 경험하며 매번 느끼는 것이지만 세상에 불가능한 일은 없었다. 그 일이 가능한지 아닌지는 오직 내 마음가짐에 달려 있었다. 된다고, 할 수 있다고 믿고 온몸으로 부딪칠 때 한 걸음씩 앞으로 나아갈 수 있었고 어느새 목표 지점에 도달해 있었다.

휴가를 마치고 복귀하니 메일함이 이벤트에 참석했던 사람들의 감사 인사로 가득 차 있었다. 그중 한 통의 메일이 눈에 들어왔다. 로얄 캐리비안 크루즈 라인의 총수인 리처드 페인이 사장님께 보낸 건데 사장님께서 나에게 전달해주신 것이었다.

그야말로 어마어마한 한주였습니다. 당신과 당신의 팀이 일궈낸 이벤트의 여운이 아직도 가시지 않는군요. 중국에서의 일정은 정말 완벽했고, 주주들은 자신들이 경험한 것들에 아주 큰 인상을 받았다고 합니다.

그리고 말미에 낯익은 이름과 함께 메일은 마무리되었다.

나는 이번 이벤트에서 나영 씨가 보여주었던 쾌활함과 기꺼이 헌신하던 모습에 큰 인상을 받았습니다. 그녀의 희생과 노력이 이 이벤트를 더욱 빛나게 했다고 생각합니다. 그녀에게 고마움을 전해주기 바랍니다.

하나의 작은 점에 불과했던 내가 넓은 세상으로 나아가
나를 알아봐주고, 믿어주고, 기회를 주는 사람들과 만나
가치 있는 존재가 되어 가는 걸 느낄 수 있었다.

짧은 메일이었지만 나에게는 이 세상을 살아가는 의미가 하나 더 생기는 것 같았다. 하나의 작은 점에 불과했던 내가 넓은 세상으로 나아가 나를 알아봐주고, 믿어주고 기회를 주는 사람들과 만나 가치 있는 존재가 되어 가는 걸 느낄 수 있었다. 좁은 우물 속, 작은 쳇바퀴에서 벗어난 내게 넓은 세상은 기꺼이 화려한 조명을 비춰주었고, 나는 보잘것없는 개구리에서 세상이란 무대의 주인공이 되어가고 있었다.

SINCE 2015

비즈니스
코디네이터로 살기

상해의 사무실, 항해 중인 크루즈, 다양한 국가와 도시들……. 매달 해외 출장에, 업무 파트너가 마케팅팀이 되었다가 선박 운영팀이 되기도 한다. 해외 정부기관들과도 늘 교류를 유지하며 주주총회나 명명식 등의 이벤트 운영과 사회는 물론 종종 홍보마케팅팀에 차출되기까지 한다. 크루즈를 탄 채 회사 공식 블로그 기사를 쓰다 보면 '도대체 나의 소속은 어디인가?'라는 생각이 들 때도 있다.

나의 직속 상사인 '지난 리우'는 중국, 북아시아 지역의 크루즈 산업과 관련한 정책, 법률, 경제 등 전 분야에 관여한다. 또 2~3년에서 10년 후의 아시아 크루즈 시장을 분석해 크루즈 선의 건조 및 사업 계획을 실행시키기까지 한다. 나는 그의 수석비서이자 비즈니스 코디네이터 역할을 맡고 있다. 그러다보니 크루즈 산업의 전반적인 운영과 시장을 접하며 그야말로 다양한 업무를 담당 중이다.

그중에서도 주요 업무를 꼽으라면 크게 두 가지를 들 수 있다. 첫 번째는 '기항지 개발'이다. 사업 개발의 일환인 기항지 개발은 다시 크게 '부두 개발'과 '관광 개발'로 나뉜다. 우선 기항지를 개발하려면 배가 정박할 수 있는 부두를 마련하는 게 첫 번째 과제이다. 크루즈 산업이 성장하면서 배의 규모는 더 커지고, 승객의 수도 증가하고 있다. 따라서 사람들의 수요를 충족시킬 수 있는 새로운 부두와 목적지를 만들어내는 과정이 활발히 이뤄지고 있다. 요새는 더욱 거대해진 크루즈선의 규모에 의해 수심이 최소 15m 이상이 돼야 정박 이 가능한데 사실 아시아권에는 크루즈처럼 큰 배가 정박할 수 있는 부두가 많지 않다. 그래서 부두 개발은 필수이다.

부두 개발과 함께 이뤄지는 작업이 바로 '관광 개발'이다. 비행기의 경우 승객의 목적과 일정이 저마다 다르기 때문에 아무리 많은 승객이 내려도 각자 목적에 따라 인원이 분산된다. 하지만 크루즈의 경우는 다르다. 한꺼번에 많은 승객이 여행이라는 동일한 목적으로 하선해 7~8시간의 한정적인 시간 동안 여행해야하기 때문에 기항지에 충분한 관광 인프라가 구축이 되어 있지 않으면 많은 혼선이 빚어진다. 따라서 관광 개발의 핵심은 이 도시가 승객들을 소화할 능력이 있는지를 판단하는 것이다. 수천 명의 승객을 이동시키기 위한 교통편을 마련할 수 있는지, 다국적 승객을 위한 국제적인 가이드를 보유하고 있는지, 승객들이 충분히 즐길만한 관광지가 구비돼 있는지 등의 사항들을 중점적으로 본다. 그리고 부두 개발자, 투어 담당자, 해당 도시의 여행사, 관광부처 관계자들 등과의 미팅을 토대로 분석 리포트를 작성해 각 부서 및 담당자들과 정보를 공유한다. 그 외에도 새로 개발하고자 하는 도시를 방문해 분석, 조사하는 작업까지 진행한다. 이런 일들이 유기적으로 이뤄질 때, 비로소 새로운 기항지를 개발하고 아름다운 도시를 사람들에게 소개할 수 있게 되는 것이다.

두 번째 주요 업무는 '정책 관련 업무'이다. 로얄캐리비안 인터내셔널은 리딩 기업으로서 크루즈 산업의 발전을 위한 관련 정책 수립과 보완 작업을 적극 주도하고 있다. 최근에는 중국 크루즈 승객들의 '관광상륙허가'를 위한 업무를 담당하고 있다. 관광상륙허가제란 크루즈 승객에 한해 기항지 국가에 무비자로 하선할 수 있는 자격을 부여하는 것이다. 단 몇 시간의 입국을 위해 복잡한 비자 신청 절차를 거쳐야 하고, 결국 비자가 나오지 않아 입국이 거부되는 경우를 방지하기 위한 정책이다. 실제 미국에서는 관광상륙허가제가 보편화되어 있다. 미국은 워낙 크루즈 역사가 깊은 곳이라 비자 간소화 시스템이 잘 갖춰져 있고 법률로도 체계화되어 있다. 그러나 상대적으로 크루즈 산업이 낯선 중국이나 동아시아권은 이런 개념이 아직 모호하거나 이제 조금씩 체계가 잡혀가고 있는 과정에 있다.

중국 크루즈 승객의 관광상륙이 처음으로 허용된 곳은 바로 우리나라다. 관광상륙허가 해당 선사의 크루즈를 타고 들어온 승객에 한해 비자 없이 한국에서 단시간을 체류할 수 있는 자격을 부여한다. 그리고 그 후 한국의 사례를 본 일본은 2015년 중국인에 대한 관광상륙허가 정책을 입법화해 41만 명 수준이던 일본 방문 크루즈 관광객이 2018년에는 244만 명까지 증가했다. 관광상륙허가제도의 도입이 일본 크루즈 산업발전에 큰 부스터 역할을 한 것이다.

현재는 필리핀 정부와 함께 필리핀 크루즈 관광 개발의 일환으로 업무 협약을 진행 중이다. 부두 관계자, 항만공사, 관광공사, 법무부, 대통령 직속 행정실 등 정부 부처에 타 국가의 사례를 토대로 자료를 제공하며 법제화의 필요성에 대해 논의하는 업무가 추진 중이고, 이런 과정을 거쳐 새로운 기항지가 개발되고 더 많은 사람들에게 크루즈를 소개할 수 있는 기회가 마련되는 것이다.

업무 특성상 해외 출장을 가는 일이 잦다 보니 크루즈보다는 비행기를 탈 일이 훨씬 많다. 하지만 나는 그 어느 때보다 크루즈와 가까워졌다고 생각한다. 물론 대부분의 시간을 배 위에서 보냈던 승무원 시절과 비교해보면 크루즈와 함께 할 수 있는 시간은 현저히 적다. 그러나 바다 위 크루즈를 거쳐 크루즈 여행사로, 그리고 지금은 크루즈 선사에서 나는 10년이 넘는 시간 동안 단 한 번도 크루즈와 떨어져 지낸 적이 없었다. 지금도 크루즈의 미래를 위해 일을 하며, 더 많은 사람들에게 크루즈를 알리기 위해 쉼 없이 달리고 있다. 만약 크루즈가 가는 길이 나의 길이고, 크루즈가 있는 세상이 나의 세상이라면, 드넓게 펼쳐진 저 바다가 나의 무대이자 나의 세상인 셈이다.

당신들의 기준은 사양하겠습니다

내 삶의
주인은 누구인가

"나영 씨, 쇼핑을 하고 싶은데 어디로 가야 하죠?"

"호텔 지하 1층으로 나가시면 백화점과 연결돼 있어요. 혹시 찾는 브랜드가 있으시면 알아보고 자세히 알려드릴게요."

"호텔 아래의 쇼핑몰? 이미 갔다 왔는데 너무 화려해서 나하고는 안 어울리던걸요. 혹시 주변에 중국인들이 자주 가는 시장은 없는 건가요?"

언뜻 들으면 편한 외국인 친구나 관광객과 나누는 대화라고 생각할지도 모르겠다. 하지만 이 대화 속 주인공은 전 세계 120여 국에 약 36,000개의 매장을 둔 글로벌 패스트푸드 기업 M사 CEO의 아내인 톰슨 부인이다. 나는 대기업 CEO의 아내인 그녀가 당연히 명품 브랜드를 선호하고 고급 백화점에서의 쇼핑을 좋아할 거라고 생각했었다. 그런 그녀가 '시장'을 알려달라는 것이다. 일단 휴대폰으로 주변에 있는 시장을 검색해 중국어와 영어로 주소를 적으면서도 도통 이 상황이 이해되지 않았다.

'톰슨 부인이 농담으로 한 말은 아니겠지?', '위치를 알려줘도 되려나?', '내가 혹시 영어를 잘못 알아들은 건 아닐까?', '부끄럽지만 다시 물어보고 확인해볼까?' 시장 주소를 적은 메모지를 건네기 전 마지막 기회라고 생각하고 다시 한 번 물었다.

"톰슨 부인, 시장에 가려는 게 맞으시죠? 시장엔 대부분 중국인이고 지방에서 대량으로 물건을 구매하러 오는 곳이라 영어도 안 통하고, 호객행위도 심해요. 개인적으로 걱정이 돼서 다시 여쭤보는 거예요."

"고마워요, 나영 씨. 나도 잘 알아요. 하지만 비행기 타고 10시간 넘게 걸려 이곳에 왔는데 당연히 중국 사람들이 가는 곳을 방문해보고 싶어요. 그리고 난 브랜드 상품을 좋아하지도 않는 걸요. 어쨌든 정보를 알려줘서 너무 고마워요."

그녀는 내가 들었던 그 말 그대로 시장에 가겠다고 했다. 사실 톰슨 부부를 베이징 공항에서 처음 만났을 때 모습을 떠올려보면 이 상황이 그리 당황스러울 것까지도 없었다. 편한 면바지와 반팔 셔츠 차림의 그들은 화려한 옷과 명품백으로 치장한 모습이 아니었다. 시장에 간다고 해맑게 웃던 톰슨 부인의 모습이 쉽게 잊히지 않았다. 주주들을 만나기 전까지 나는 평소 입고 다니는 복장으로는 그분들의 수준에 맞지 않을 거라고 걱정했었다. 늘 옷장을 뒤적거리고, 종종 인터넷 쇼핑을 하면서도 마땅히 입을 옷이 없다고 투정하기도 했다. 그런데 톰슨

당신들의 기준은 사양하겠습니다

부인과의 대화를 통해 내가 지닌 편견, 그리고 허영심과 맞닥뜨린 것이다. 내 스스로 한심해지는 순간이었다.

100달러짜리 서류가방

◇◇◇◇◇◇◇◇

다음날 로얄캐리비안 크루즈 라인의 총수인 리처드가 갑자기 나를 찾았다.

"나영 씨, 미안하지만 서류가방을 하나 사다 줄 수 있을까요? 서류를 들고 다니려니 영 불편해서 안 되겠네요."

평소에 태블릿PC에 모든 자료를 넣어 다녔던 터라 가방을 잘 들고 다니지 않는데 중국 정부에서 준비한 서류들이 이렇게 많을지는 미처 생각하지 못했다는 것이다. 한 시간 동안 백화점을 샅샅이 훑으며 800달러부터 1,500달러까지 가격대별로 가방을 선별해 사진을 찍었다. 리처드에게 사진을 보여주었더니 그 중 하나를 골라 얼마냐고 물었다. 내가 800달러라고 알려주자 그는 무슨 서류가방이 그렇게 비싸냐며 깜짝 놀라는 것이 아닌가. 어느 정도 가격 선에서 찾느냐고 묻자 100달러면 충분하다고 했다. 나는 결국 그 가격에 맞는 서류가방을 구입해 전달해 드렸다. 100달러짜리 서류가방은 일주일 동안 리처드의 비서 노릇을 톡톡히 했다. 나는 고액의 연봉을 받는 기업의 총수이지만 100달러짜리 서류가방을 아주 만족해하며 들고 다니는 리처드의 모습을 보면서 새삼 내 모습을 다시 돌아봤다.

나는 명품 가방이 하나 있었다. 그 가방을 살 당시에는 열심히 일한 나에게 주는 선물로 그 정도 제품은 하나쯤 가져도 된다고 생각했었다. 그런데 막상 가방을 갖게 된 후에는 마음껏 들고 다니지 못했다. 비가 오는 날에는 비에 젖을까봐, 날이 너무 더울 때는 색이 바랠까봐, 출근길에는 행여나 긁힐까봐, 지난번 모임에도 매고 나갔는데 같은 가방을 들고 갈 수가 없어서…… 그토록 갖고 싶었던 가방이었음에도 매고 다닐 수 없는 이유들이 계속 생겨났다.

베이징 일정을 마치고 상하이로 돌아온 뒤, 옷장 깊숙이 넣어두었던 가방 상자를 꺼냈다. 상하이까지 애써 챙겨와 고이 모셔두기만 하고 제대로 들고 다니지 못했던 모습이 떠올랐다. 비싼 가방이 내 가치를 대변해주는 것도 아닌데, 왜 그렇게도 이걸 갖고 싶어 했던 걸까. 결국 다음날 나는 그 가방을 중고매장에 팔았다. 구매했던 가격의 절반도 받지 못했지만 팔고 나니 마음이 가벼워졌다. 무겁게 지고 있던 큰 짐을 덜어버린 기분이었다. 그 돈으로 편하게 맬 수 있는 저렴한 가방을 하나 구입한 후, 맛있는 저녁을 사 먹었다. 그 가방은 지금도 내 어깨를 벗어난 적 없이 제 몫을 톡톡히 하고 있다.

나는 스스로 세상의 기준에서 자유로운 사람이라고 생각했었다. 내가 가지고 있던 환경과 조건들은 세상의 잣대로 보면 한없이 부족했지만, 그런 것에 얽매이지 않고 나의 기준으로 살아왔다고 믿었기 때문이다. 하지만 두 사람과의 경험을 통해 나를 다시 돌아보는 계기가 되었다. 어쩌면 나는 나도 모르는 사이 세상의 관점에 어울리고 사람들의 기준에 만족스러워하는 존재가 되고 싶었는지도 모른다.

우리는 살아가며 많은 관점과 생각들을 마주하게 된다. 그리고 다른 사람의 기준이 내가 나아가는 길에 영향을 미치는 순간, 내 삶의 주인은 내가 아니게 된다. 그러니 무언가를 선택하는 기로에 놓였을 때 스스로 질문을 던져보길 바란다. 이것이 정말 나를 위한 것인지, 나를 행복하게 하는 선택인지 말이다.

후회를 남기지 않는
최선의 방법

"나영 씨, 만리장성에서 만찬이 가능하겠어요?"

"스스칸."

"나영, 드라마 프로젝트 팀에 합류해보는 거 어때요?"

"스스칸."

'스스칸試試看'. 한국어로 번역하면 '시험해 보다'라는 뜻을 가진 말이다. 말 그대로 한번 시도해보겠다는 의미로 일상생활에서도 자주 사용되는 말이다. 지우기 힘든 얼룩 때문에 세탁물을 안 받겠다는 세탁소에서 "아저씨, 스스칸." 하면 어깨를 한 번 으쓱 하고는 받아주며, 능력 밖의 일이라 망설이는 중에도 "나영, 스스칸." 하면 일단 시도라도 해보게 되는 이 말은 마치 사람을 움직이게 하는 마법의 주문 같다.

당신들의 기준은 사양하겠습니다

회사가 운영하는 콴텀 호Quantum of the Seas에서 중국 드라마를 촬영하게 되었다. 승무원이 주인공인 이 드라마는 크루즈에서 벌어지는 사랑, 우정 그리고 승객과 관련된 이야기로 구성된 20부작 드라마이다. 회사에서는 감독, 작가와 함께 4년에 걸쳐 직접 제작 및 극본 작업을 해온 만큼 투입된 시간과 비용, 노력을 계산해보면 그야말로 대대적인 야심작일 수밖에 없었다. 마침내 배우들의 섭외도 마무리되고, 극본도 수차례 보완 끝에 정식 촬영을 시작할 수 있게 되었다. 하지만 배경 자체가 크루즈이다 보니 크루즈의 실내외 모습을 육지에서 재현하는 일이 가장 큰 문제였다. 승무원들의 휴게실, 식당, 캐빈, 브리지 등등 대체로 좁은 공간 또는 일부분만 촬영해도 괜찮은 공간은 세트장으로 제작할 수 있었다. 하지만 크루즈의 전체 샷이나, 공연 시설 및 메인 홀처럼 규모가 크고, 똑같이 만들어내기 어려운 공간은 촬영팀이 직접 크루즈에 승선해 촬영을 진행해야만 했다.

일단 시도해볼게요

◇◇◇◇◇◇◇◇

크루즈에서의 촬영 기간은 단 한 달. 드라마 촬영 기간으로는 결코 길지 않은 시간인 만큼 한 달을 10개월처럼 사용하며 가능한 한 많은 분량을 뽑아내야 했다. 회사 입장에서는 처음으로 시도해보는 장기 촬영도 만만치 않았지만, 더 큰 문제는 600명이 넘는 촬영 스태프를 관리하는 일이었다. 왜냐하면 크루즈 안에는 촬영팀만 머무는 게 아니라 3,000명에 달하는 일반 승객들도 함께 승선하고 있어 그들에게 불편을 끼치지 않으면서 최대한 효율적으로 촬영해야 했기 때문이다.

게다가 드라마에 출연하는 배우들도 크루즈에서 한 달 동안 생활해야 하는 만큼 동선이나 승객과의 분리된 공간 확보 및 보안 문제 등 어느 것 하나 방심할 수 없는 부분이었다. 크루즈에서의 촬영은 그야말로 한 번도 시도해본 적 없는 도전이었다.

결국 내부적으로 오랜 회의를 거쳐 드라마 촬영팀을 서포트할 팀을 따로 구성하기로 했다. 6명씩으로 구성된 3개의 조를 만들어 10일씩 돌아가며 승선하기로 했다. 극본을 검토하고 감독하는 역할, 기존 승객들에게 피해가 가지 않도록 정해진 시간 내에 정확히 분리된 공간에서 촬영하도록 관리하는 역할, 크루즈 내에서 사고나 시설물 훼손 없이 촬영할 수 있도록 관리하는 역할, 배우들의 안전과 분리된 동선을 책임지는 역할, 촬영으로 인해 발생한 승객들의 민원을 해결하는 역할 등으로 세분화했다. 그리고 무엇보다 촬영팀과 크루즈 관리팀 사이에서 의견 조율을 진행할 코디네이터가 필요했다. 회의에서는 실제 크루즈 경험이 있고, 다양한 행사를 진행해본 직원이 적합하다는 의견이 나왔고 그 역할에 내가 추천이 됐다.

"나영, 할 수 있겠지?"

"네, 한번 해볼게요."

그렇게 나는 드라마 프로젝트 팀에서 코디네이터 역할을 맡아 현장을 총 감독하게 되었다. 하루아침에 포지션이 바뀌거나, 다른 팀에 파견돼 어제와는 전혀 다른 일을 해야 하거나, 갑작스런 미팅으로 다음 날 짐을 싸 지방으로 출장을 가는 등 그동안 급작스러운 변화에 익숙해져 있었다. 그럴 때마다 나는 세상이 '변화는 곧 기회의 다른 모습'

이라는 것을 가르쳐주는 거라고 생각했다.

나는 조원들과 함께 크루즈에 승선해 600명의 촬영팀을 관리, 감독하며 무사히 촬영을 마칠 수 있었고, 현재 중국 정부의 심의 통과만을 기다리고 있다. 크루즈의 모습을 담은 드라마가 어떤 모습으로 안방에서 방영될지 나는 물론 회사와 크루즈의 모든 승무원들도 크게 기대하고 있다.

'What matters most is not rewards, praise or pride.
What matters most is that at the end of the day, you tried.'
'가장 중요한 것은 보상이나 칭찬 또는 자긍심이 아니라,
결국 당신이 시도해봤냐는 거다.'

애슐리 티스데일Ashley Tisdale이라는 미국의 배우이자 프로듀서가 한 말이다. 이 문장은 처음 접했을 때부터 내 마음에 크게 와 닿았다. 사람들에게는 누구나 후회로 남는 일이 있게 마련이다. 그리고 그 일들이 지닌 공통점은 바로 '시도해보지 않은 일'이라는 것이다. 많은 사람들이 할 수 있고, 능력이 있고, 기회가 있었음에도 불구하고 시도조차 해보지 않은 채 후회로 남겨두기도 한다.

그런 의미에서 '스스칸', 일단 한번 해보자는 말은 후회를 하지 않게 해주는 마법이 될 수 있다. 이 한마디 말로 인해 생각만 하고 있고, 계획만 짜보던 일이 직접 행동으로 이어질 수 있기 때문이다.

중국인들이 벌이는 일들을 보면 종종 '대륙 사람은 뭔가 다르다', '역시 대륙 스케일이야'라고 한다. 그리고 함께 일을 해보니 그런 결과를

만드는 건 일단 해보는 자세, 결과에 상관없이 시도해보고 부딪쳐보는 자세 덕분이라고 생각한다. 물론 어떤 일이건 100퍼센트 성공을 보장할 수는 없다. 하지만 실패를 용납하지 않고 성공만을 수용하려는 자세에서는 창의적인 생각도, 용기 있는 도전정신도 나올 수 없다. 그러니 조금이라도 해볼 만한 가치가 있다면 일단은 부딪쳐보는 게 더 중요하다. 그리고 그것이 후회를 남기지 않는 최선의 방법이다.

만약 지금 당신에게 하고 싶은 일이 있는데 망설이고 있다면, 자신에게 한 번 기회를 줘보는 건 어떨까?

자, 그렇다면 "스스칸?"

당신들의 기준은 사양하겠습니다

조금이라도 해볼 만한
가치가 있다면 일단
시도해보는 것, 그것이
후회를 남기지 않는
최선의 방법이다.

SINCE 2015

각자의 기준으로
사는 사람들

"음… 자, 작년 한 해와 음… 올해 수익을 비교했을 때 가, 가장 큰 성과는 음… 바로….."

그날은 미국 본사의 부사장님이 오셔서 각 부서별로 상반기 성과 보고를 하는 날이었다. 판매수익 부서의 차례가 다가오자 주 팀장님이 더듬더듬 떨리는 목소리로 발표를 시작했다. 그날 나는 주 팀장님의 발표를 처음 들었는데 팀장님이 말을 더듬을 때마다 터져 나오는 웃음을 참느라 고개를 숙이고 있어야 했다. 하지만 나를 제외한 다른 직원들은 이 상황이 익숙한지 아무 반응이 없었다. 팀장님에게 주어진 시간은 단 20분. '저렇게 말을 더듬는데 20분 안에 모든 발표를 마칠 수 있을까?' 싶어 발표자보다 보는 내가 마음을 더 졸였던 것 같다. 그러

당신들의 기준은 사양하겠습니다

나 팀장님은 기가 막히게 20분을 딱 채워 발표를 끝냈다. 뒤이어 이뤄진 부사장님의 질문 공세에도 여전히 말은 더듬지만 적절히 답변을 하고, 그 답변을 보충해주는 자료까지 제시하는 모습이 나에게는 굉장히 인상 깊었었다. 그날 이후, 나는 주 팀장님의 발표가 있는 날에는 일부러라도 참석해 관찰하는 습관이 생겼다.

주 팀장님은 특히 회의 중에 자기 의견을 강하게 어필하거나 흐름이 본인의 뜻대로 흘러가지 않을 때, 직위가 높은 사람들 앞에서 발표를 할 때 좀 더 말을 더듬게 되는 것 같았다. 동료들에게 물어보니 그나마 지금은 많이 호전된 상태라고 했다. 처음에는 훨씬 심해 미팅 시간이 두 배로 늘어나는 경우도 있었을 정도라고 했다.

처음 주 팀장님이 발표를 하거나 의견을 제시했을 때는 직원들이 웃음을 터트리는 일이 자주 있었고, 그러자 회사에서는 웬만하면 본사 직원들 앞에서는 직접 발표하지 말라는 지시까지 내렸다고 했다. 하지만 그는 전혀 부끄러워하거나 아랑곳하지 않고 더 큰 소리로 꿋꿋하게 발표를 해냈다고 한다. 담력과 자신감이 대단한 분 같았다. 이제는 오히려 동료들이 주 팀장님에게 발표를 믿고 맡겼고, 실제로 그 분의 발표에 모두가 진지한 자세로 집중하고 있었다.

주 팀장님의 발표에는 인상적인 부분이 몇 가지 있다. 우선 군더더기가 없다. 쓸데없는 어휘로 꾸미지 않고 깔끔하게 표현하다 보니 다소 말을 더듬더라도 오히려 발표의 내용과 목적을 확실하게 전달했다. 본인의 단점을 잘 알기 때문에 말의 수를 줄이고, 핵심적인 부분만 담아내기 때문인 것 같다. 또 주 팀장님의 프레젠테이션은 내용과 자료가

237
13억이 사는 세상에 뛰어들다

풍부하다. 매출 성적을 설명할 때는 그래프를, 작년 매출을 비교할 때는 도표를, 면세점 브랜드의 판매 실적을 제시할 때는 임팩트 강한 영상을 적절하게 활용한다.

하지만 내가 생각하는 주 팀장님 발표의 가장 큰 장점은 바로 '자신감'이다. 말을 더듬는 단점이 있지만 절대 주눅 들지 않고 발표 때는 평소보다 목소리를 한 톤 높여 말하고, 강조하고자 할 때는 더 힘을 주어 말한다. 강약 조절이 확실한 그의 발표에는 지루함이 없고, 쉽게 머릿속에 각인된다.

어느 날 주 팀장님을 만나 이야기를 듣게 되었다. 자신도 처음부터 자심감이 넘치고 당당했던 건 아니라고 했다. 초기에는 말을 더듬는 문제로 병원에도 다녀보고, 말하기 연습도 해봤지만 나아지지 않자 한동안 남들 앞에서 말을 하지 못했다고 한다. 하지만 자신보다 훨씬 유창하게 말하는 동료들이 정작 프레젠테이션을 제대로 못해내는 걸 보고 생각이 바뀌었고 자신의 문제는 작은 단점에 불과하다고 여기기 시작한 것이다. 그는 고민 끝에 말 대신 자신의 의견을 잘 표현할 수 있는 프레젠테이션 능력을 키우고, 영어 공부를 통해 핵심적으로 표현할 수 있도록 노력을 거듭했다. 결국 본사 직원들과의 미팅, 해외업체와의 거래에서도 밀리지 않는 수준에 도달하게 되었다.

사람들은 누구나 장단점을 가지고 있다. 그리고 일반적으로 내가 가진 장점보다 단점을 더 크게 보고 그에 매몰되는 경우가 많다. 그래서 단점을 고치기 위해, 그것을 없애기 위해 부단히 노력한다. 하지만 내 힘으로는 도저히 해결할 수 없는 단점도 존재하기 마련이다. 아무리 노력해도 극복할 수 없는 것이라면 어떻게 해야 할까? 내가 해결할 수 없는 부분이라면 그것 때문에 힘들어하고, 좌절하는 것보다 스스로 인정하고 받아들이는 것이 나을 수 있다. 오히려 단점을 대하는 관점만 조금 바꾼다면 주 팀장님처럼 약점을 강점이 되도록 발전시킬 수 있는 계기가 될 것이다.

차이나 우먼 파워

◇◇◇◇◇◇◇◇

"J, 돌아왔구나! 축하해, 딸 너무 예쁘더라. 그동안 잘 지냈어?"

"고마워, 나영. 출근하고 싶어서 몸이 근질근질해 혼났어."

예쁜 딸을 낳고 3개월 만에 복귀한 J. 석 달 전만 해도 곧 터질 것 같던 만삭의 배를 안고 회의실을 종횡무진하던 그녀였다. 복귀하자마자 일을 처리하며 신나하는 그녀를 보던 나는 흐뭇한 미소가 절로 나왔다. 중국에서는 여직원이 임신을 하면 상사가 축하의 꽃 선물을 하거나, 먼저 회식에 참석하지 않아도 된다고 해주고, 몸이 불편한 기색이라도 보이면 미팅 날짜를 변경해주거나 집에서 전화로 미팅 참석을 할 수 있게까지 배려해준다.

중국의 출산휴가는 법적으로 90일이다. 대부분의 여직원은 길게는 한 달 전, 짧게는 J처럼 출산 예정일로부터 2~3일을 앞두고 휴가를 떠난다. 중국인들은 출산 직전까지 몸을 움직이고, 머리를 쓰며 일하는 게 오히려 건강에 좋다고 생각한다. 하지만 필요시에는 언제든지 휴가를 쓸 수 있고, 컨디션에 따라 자유롭게 스케줄을 조정할 수 있기 때문에 굳이 일찍 휴가를 떠나지 않는 것 같다. 게다가 90일의 출산 휴가를 마치고 복귀한 여직원들은(회사마다 차이가 있긴 하지만) 아이가 만 1세가 될 때까지 정규 시간보다 한 시간 일찍 퇴근할 수 있도록 혜택을 주는 곳이 많다.

근무 규정은 한국과 비슷한 것 같지만 확연히 다른 한 가지가 있다. 바로 당당하다는 점이다. 중국에서는 여성들이 출산 휴가나 조기 퇴근을 할 때 조금도 눈치를 보지 않는다. 미국의 비즈니스 매거진《포춘 Fortune》에서는 2017년 세계에서 영향력 있는 여성 50인을 소개했는데 이 명단에서 단연 돋보인 국가가 바로 중국이다. 중국은 거리전기그룹 格力电器公司의 최고경영자 동밍주董明珠, 알리바바Alibaba 최고 재무관리자 우웨이武卫, 애플Apple의 중국 대표 거위에葛越, 시트립Ctrip의 최고경영자 제인 선Jane Sun, 디디추싱滴滴出行의 최연소 최고경영자인 리우칭柳青 등 무려 '13명'의 여성이 이름을 올렸다. 우리의 일반적인 시각과 달리 중국은 여성들이 커리어를 쌓기에 좋은 곳으로 평가받는 것이다.

나이는 숫자에 불과하다

◇◇◇◇◇◇◇◇

비즈니스 개발 부서에 내 또래의 젊은 남자 직원이 입사를 했다. 부장 자리가 공석인 부서에 왜 젊은 사람이 새로 온 걸까 궁금해 하던 찰나 그 직원이 오늘부로 비즈니스 개발 부서의 부장으로 발령받았다며 자기소개를 했다. 나는 깜짝 놀랐다. 당연히 부장 다음의 직급에 있던 장 과장이 이번 기회에 승진을 할 거라고 생각했었기 때문이다. 하지만 긴 공백을 깨고 부장이 된 건 외부에서 영입한, 그것도 과장보다 한참 어린 사람이었다.

승진에서 밀린 장 과장이 상심했을 거란 생각에 안타까웠다. 옆자리 동료와 얘기를 나누다가 '자기보다 어린 사람이 상사로 들어왔는데 장 과장의 기분은 어떨까?', '어떤 경력이길래 저 나이에 벌써 부장이 된 거지?'라는 말을 꺼냈다. 그런데 동료는 오히려 나에게 영문을 알 수 없다는 듯이 물었다.

"근데 그게 나이랑 무슨 상관이에요?"

아차, 싶었다. 내가 또 쓸 데 없는 관심을 가졌다는 생각이 들었다. 우리 회사는 글로벌 기업인만큼 나이나 성별에 대한 편견이 적다. 그리고 그 사람을 평가하는 기준은 오직 '능력'이다. 그렇기 때문에 능력이 좋으면 어려도 먼저 승진할 수 있고, 경력이 많아도 뒤처지지 않기 위해 끊임없이 성장하고 발전해야만 한다. 이제 이런 상황들이 익숙해졌을 법도 한데, 아직도 사사건건 작은 일에 선입견을 드러내는 내 모습이 너무나 부끄러웠다.

크루즈에서도, 이곳 상하이에서도 같은 회사에서 일하는 동료들 사이에서 내가 먼저 이야기하지 않는 이상 사적인 정보는 화젯거리가 되지 않는다. 내 앞자리의 동료가 나와 동갑이라는 사실도 입사하고 1년 뒤 우연히 알게 되었을 정도다. 하지만 결코 그 사람과 친하지 않거나 관심이 없어서 그런 것은 아니다. 그저 그 사람이 어떤 사람인지 보여 주는 기준이 우리와 다를 뿐이다. 오히려 대학에서 어떤 공부를 했는지, 어느 회사에서 근무한 적 있는지, 누구와 함께 일했는지 등에 대한 걸 더 궁금해 한다.

SNS에 나의 크루즈 승무원으로 일한 경험, 상해에서의 직장 생활과 관한 이야기를 올린 적이 있다. 그 글을 보고 많은 분들이 크루즈 승무원과 해외 구직에 대한 질문을 보내왔다. 그 중 가장 많았던 질문이 바로 '나이 제한'이 있느냐는 것이었다. 질문에 답변을 하면서 그런 질문이 너무도 당연한 우리 사회의 현실이 안타까웠다.

우리는 각자의 속도에 맞춰서 산다. 어떤 사람은 빠르게, 또 어떤 사람은 조금 느리게. 하지만 사회에서는 그 나이쯤이면 해야 할, 혹은 이뤄야 할 기준을 제시한다. 결혼할 나이, 승진할 시기, 아이를 낳을 적령기, 은퇴할 타이밍 등이 그런 것이다. 그리고 우리는 그렇게 사회가 만들어 놓은 기준에 갇혀 나의 가능성까지 가둬두고 있는 건 아닌지 돌아봐야 한다.

나와 동갑인 줄리안이 게스트 서비스 부서의 부서장이 되어 5~60대의 부서장들과 어깨를 나란히 하던 모습을 나는 아직도 잊을 수 없다. 그리고 캐빈 메이트인 나탈리아가 마흔이 훌쩍 넘은 나이에 신입 승무원으로 입사했던 날의 기억도 아직 생생하다. 나 역시 대학시절 전공과도 전혀 상관없지만 대학원에 진학해 국제 해양 정책에 관한 공부를 시작했고, 배우자와 떨어져 지내야 하지만 원하는 일을 위해 해외 이직을 할 수 있었다.

어쩌면 내 선택들은 사회의 기준에서 나이에 맞지 않는, '때'에 어긋나는 것들인지도 모른다. 하지만 나는 확신이 있었고, 나이는 숫자에

당신들의 기준은 사양하겠습니다

불과하다는 말을 굳게 믿었다. 19세에 크루즈에 승선해 경력을 쌓아 10년 만에 부서장 자리에 오른 줄리안이, 40대에 UN이라는 직장을 그만두고 새로운 세상에 도전장을 내민 나탈리아가 바로 산 증인이지 않은가.

나의 롤모델이자 엄마이기도 한 그녀들이 계속해서 경력을 이어갈 수 있는 건 스스로의 노력 못지않은 기업과 사회의 배려가 있기 때문이다.

나의
상하이 라이프

최근 친구와 한 가지 재미있는 실험을 했었다. '한 달 동안 지갑 없이도 아무 문제없이 살 수 있을까?'라는 엉뚱한 생각에서 시작한 일이었다. 그리고 정확히 한 달이 지난 후, 우리는 지갑 없이도 생활하는데 아무 지장이 없다는 결론을 내렸다. 그 이유는 바로 위챗페이, 알리페이 같은 '전자화폐 거래' 덕분이었다. 하지만 반대로 휴대폰 없이는 아무것도 할 수 없는 상황이 벌어지기도 한다.

이 이야기는 상하이에 대한 내 생각을 단적으로 보여주는 사례다. 상하이는 '변화가 너무도 빠른 도시'다. 내가 처음 상하이에 왔을 때부터 현금을 사용하지 않았던 건 아니다. 불과 몇 년 사이에 휴대폰만 있다면 무엇이든 할 수 있는 도시가 되었다. 그리고 상하이의 국제도시다운 면모는 이런 점에서 비롯된다고 생각한다.

보통 변화는 장시간 그곳을 방문하지 않았던 사람이 오랜만에 다시 돌아왔을 때, 시간의 경과가 큰 경우에 느끼게 된다. 하지만 4년째 상하이에 살고 있는 나도 이곳이 변하는 속도를 매일 온몸으로 느끼고 있다. 상하이를 방문한 사람들이 공통적으로 하는 이야기는 도시가 굉장히 깨끗하다는 것이다. 거리에는 쓰레기를 찾아보기 어렵고, 도로 정리가 잘 돼 있으며 누구 하나 경적을 울리는 일도 없다. 이곳은 우리가 흔히 생각하는 중국의 모습과는 매우 다르다. 하지만 이 모습도 몇 년 사이에 빠르게 변화한 것이다. 중국 사람들은 일단 좋다고 판단이 되면 실행력이 굉장히 빠르다. 그런 특징이 신속하고 국제적인 면모를 만들어내는 커다란 동력이라고 생각한다.

해외에 나와 생활하다보면 한국에서만 있었다면 깨닫지 못했을 것들을 많이 배우게 된다. 익숙한 환경에서 벗어나 새로운 경험을 할 때 접하는 자극 같은 것이다. 그리고 익숙함과 낯섦의 간극에서 우리가 나아갈 방향을 찾기도 한다. 어쩌면 이것이 우리가 해외 생활을 동경하는 이유이지 않을까? 나와 다름을 받아들이는 과정에서 내가 누려온 것보다 부족한 것을 보면 나를 둘러싼 환경에 대한 감사함을, 더 나은 것을 보면 앞으로 변하고 발전해야 함을 배운다. 그리고 이것은 넓은 세상을 경험한 사람들만이 느낄 수 있는 선물이라고 생각한다.

나만의 주말 풍경

◇◇◇◇◇◇◇

매일 아침 출근길에 들르는 단골 빵집이 있다. 상하이 생활을 막 시작했을 때쯤, 예상치 못한 위치에 아담하고 귀여운 빵집이 있는 걸 발견하고 호기심에 문을 열었던 것이 시작이었다. '아베크 투아 Avec Toi'라는 이름답게 프랑스식 빵이 주를 이루는 이 빵집에서 단연 손꼽히는 건 바로 바게트와 크루아상. 프랑스에 가본 적도 없는 내가 바게트를 한 입 베어 물었던 그 순간 '이것이 파리의 맛이구나!' 감탄하게 했던 그런 빵이었다. 몇 년간 들락거리며 지켜본 결과 매일 아침 상하이의 한 프랑스 레스토랑 지배인이 전날 미리 주문한 바게트를 가져가거나, 고객 대부분이 프랑스 사람인 걸 보면 아주 틀린 말은 아닐 것이다.

나는 어느 지역을 가건 단골집을 만드는 걸 좋아한다. 승무원으로 생활하며 여러 도시를 다닐 때도, 집이 있는 제주도에도, 그리고 이곳 상하이에도. 그 도시에 가면 익숙한 발걸음으로 찾아갈 수 있는 마음이 가는 가게를 만든다. 익숙하고 내가 사랑하는 공간이 있다는 것이 낯선 도시를 낯설지 않게 만들고, 그 도시에 금방 애정이 생겨 다른 사람의 도시가 아닌 바로 '나의 도시'가 되기 때문이다.

주말이 되면 여유롭게 일어나 하루를 시작한다. 회사에 남아 야근을 하지는 않지만 본사가 미국에 있어 시차가 다르기도 하고, 일의 특성상 해외 부처들과의 미팅이나 연락이 잦아 퇴근 후에도 일을 해야 하는 경우가 많기 때문이다. 그래서 평일에는 거의 약속을 잡지 않고 집에서 저녁을 시켜먹으며 책을 보거나, 글을 쓰며 하루를 마무리하고는 한다. 대신 주말에는 일절 일을 하지 않고 온전히 나만의 시간을 갖는다.

오전에는 단골 빵집에 들러 바게트 샌드위치와 커피로 하루를 시작하거나 친구와 함께 브런치 가게, 분위기 좋은 카페를 찾아다니며 한가로운 주말을 만끽한다. 나는 또한 회사에서 DIY클럽을 운영하고 있어 주말엔 동료들과 주기적으로 소품을 만들거나 꽃꽂이를 하고, 그림을 그리는 활동도 한다. 그리고 나의 일상에서 또 하나 빠질 수 없는 건 바로 봉사활동. '해피트리Happy Tree'라는 이름의 상하이에 사는 한인들로 구성된 봉사단에서 정기 봉사활동 및 바자회, 자선콘서트 등에 참여하고 있다.

물론 크루즈가 좋아서, 하고 싶은 꿈을 이루고자 상하이로 왔고 이곳에서 일을 하고 있지만, 직장을 벗어나 이렇게 하나씩 소소하게 채워가는 주말 덕분에 이곳에서 나의 일상은 더욱 풍성해진다.

잦은 출장과 가늠할 수 없는 업무량 때문에 바쁘게 시간을 보내다 보면 깨닫지 못하다가도 문득 이런 일상이 신기하게 느껴질 때가 있다. 내가 익숙하게 가는 동네 프랑스 빵집이, 점심식사 후 상하이의 고층빌딩을 보며 동료들과 갖는 잠깐의 티타임이, 퇴근 후 여유롭게 즐기는 칭다오 맥주 한 캔이. 이처럼 상하이라는 세상에서의 생활이 나의 일상이 되었다는 걸 깨달을 때 평범했던 일상의 기쁨은 더 커지고 소중해진다.

나는 오늘도 더 넓은 세상을 꿈꾼다

누군가 내게 이런 질문을 한 적이 있다. 지금 직장을 그만두고 다시 낯선 환경에서 새로운 도전을 할 기회가 생긴다면 어떻게 하겠느냐고 말이다.

"새로운 도전이요? 제 가슴만 뛰게 한다면 언제든지 갈 수 있어요."

가볍게 나눈 대화였지만 내 대답만큼은 진심이었다. 나는 언제든지 더 넓은 세상을 만날 준비가 돼 있다.

해외에 나와 생활하고 수많은 국가들을 상대로 일을 하다보면 정말 다양한 배경과 환경 속에서 각자의 기준에 맞춰 살아가는 사람들을 만나게 된다. UN을 그만두고 40대에 승무원이 된 나탈리아, 70대 나이에도 여전히 선장이었던 할아버지, 크루즈 승무원이었던 아버지를 따라 자신도 승무원이 된 존, 말을 더듬지만 누구보다 발표를 잘하는 주 팀장님, 그리고 상하이에서 생활하고 있는 나도 말이다. 이렇게 자기만의 기준으로 살고 있는 한 사람, 한 사람이 곧 작은 세상이고, 이들이 모여 더 큰 세상이 된다.

내가 도전을 갈망하는 이유는 그 속에서 만나게 될 다양한 삶의 기준들, 인생들, 그리고 그 과정에서 발견하게 될 새로운 나의 모습이 있다는 걸 경험했기 때문이다. 물고기는 어항의 크기만큼만 자란다고 한다. 자신이 사는 그곳이 세상의 전부라고 믿기 때문이다. 하지만 조금만 용기를 내 한 걸음 내딛는다면, 성장을 가로막을 게 없는 무한한 바다와 그동안 알지 못했던 나의 모습을 만나게 될 것이다. 나 역시 그런 바다를 향해 계속 나아가고 있는 중이다. 그리고 그곳은 어떤 모습으로 나를 기다리고 있을지 궁금하고 설렌다.

사회의 기준에 한참을 못 미치는 보잘것없는 상황 속에서도 움츠러들지 않고 가슴 뛰는 일을 찾아 떠났던 나의 이야기가 당신의 마음을 조금이라도 두근거리게 했기를 바란다. 그리고 아직 자신의 세상을 발견하지 못한 사람이라면 자기만의 기준을 만들어나갈 수 있기를, 또 수많은 다양성과 더 큰 모험을 경험하기를 바란다.

나는 오늘도 나와 당신의 세상을 응원한다.

나에게 희망을 잃지 않고 살아가는 것이 얼마나 중요한지 일깨워준 엄마. 지금껏 힘들다는 말 한번 하지 않고 오빠처럼 든든하게 날 지켜준 남동생, 그리고 무엇을 하건, 어떤 길을 가건 묵묵히 응원해주는 남편. 이 세 사람이 없었다면 나는 이렇게 꿈을 펼치며 살지 못했을 것이다. 그리고 나라는 나무가 세상을 향해 맘껏 줄기를 뻗어 갈 수 있게 뿌리와 기둥이 되어준 모든 사람들에게 감사한다.